L'ULTRA-TRAIL DU MONT-BLANC®

MA VICTOIRE SUR LA LOMBALGIE

Coëtquen Editions
BP 95008
35150 Janzé

www.coetquen.com

Le Code de la propriété intellectuelle n'autorisant, aux termes de l'article L 122-5 (2° et 3° a), d'une part, que les « copies ou reproductions strictement réservées à l'usage privé du copiste et non destinées à une utilisation collective » et, d'autre part, que les analyses et les courtes citations dans un but d'exemple et d'illustration, « toute représentation ou reproduction intégrale ou partielle faite sans le consentement de l'auteur ou de ses ayants droit ou ayants cause est illicite » (art L 122-4).

Cette représentation ou reproduction, par quelque procédé que ce soit, constituerait donc une contrefaçon sanctionnée par les articles L 335-2 et suivants du Code de la propriété intellectuelle.

© Coëtquen Editions. Tous droits réservés.
ISBN 978-2-84993-294-0

Dépôt légal : 2e trimestre 2017

photo de couverture : © collection de l'auteur

L'Ultra-Trail du Mont-Blanc® et UTMB® sont des marques déposées. Elles sont utilisées dans le titre ainsi que dans le livre avec l'autorisation de Catherine Poletti, directrice de l'UTMB®.

CHRISTOPHE MORISSET

L'ULTRA-TRAIL DU MONT-BLANC®

MA VICTOIRE SUR LA LOMBALGIE

Coëtquen Editions

À Béa, ma compagne,
À Mathilde et Robin, mes enfants,
À tous mes potes de trail,
À tous ceux qui m'ont soutenu dans cette aventure.

Lorsqu'une chose nécessaire devient impossible, vous découvrez qu'elle est tout à fait superflue.
Kilian Jornet

Table des matières

PREFACES (p. 11)

LA GENESE D'UN REVE (p. 15)
Chamonix, le 28 août 2015, 17 h 30 (p. 15)
Centre Aquitain du Dos, banlieue bordelaise, mars 2003 (p. 18)

PRELIMINAIRES ET CHEMINEMENTS (p. 23)
2003 - 2006 : les prémices (p. 23)
2007 - 2010 : on y vient doucement (p. 30)
13 novembre 2015 : temps mort (p. 34)
2007 - 2010 : suite (p. 35)

LA COURSE AUX POINTS (p. 47)
Les premiers ultras (p. 47)
Le mur du cent (p. 55)
En quête d'expérience (p. 72)
L'inscription (p. 87)

ENCORE UNE ANNEE A PATIENTER (p. 90)
2015, année de la quête ? (p. 103)

OBJECTIF UTMB® (p. 105)
La préparation (p. 105)
La quête du Graal (p. 121)

EVOLUTIONS (p. 149)

REMERCIEMENTS (p. 151)

PHOTOS (p. 153)

Préfaces

Mais pourquoi courent-ils ?
Il y a sans doute autant de raisons que de coureurs.
Cela fait maintenant quinze ans que je suis au contact de tous ces coureurs. Au fil des éditions, je me suis rendu compte que chacun d'entre eux a un objectif personnel autre que la simple pratique d'un sport pour participer à l'UTMB®. Il y a celui qui court pour combattre sa maladie et pour se prouver qu'il est encore vivant, qu'il peut encore le faire. Il y a celui qui court par procuration, pour quelqu'un qui ne peut pas ou ne peut plus le faire. Il y a ceux qui courent par solidarité au profit d'une action caritative dans laquelle ils veulent s'investir. Il y a celui qui court pour reprendre confiance en lui, pour être le héros de son entreprise, de sa famille, de sa rue... Il y a celui qui court pour faire un break, pour prendre du recul par rapport à sa vie. Il y a celui qui court pour remettre de l'humain dans sa vie, pour renouer avec les notions de solidarité, de convivialité et de partage. Il y a celui qui court pour rétablir un rapport sensible et contemplatif avec la nature et sortir d'une vie sédentaire et urbaine. Il y a celui qui court pour tester ses limites, pour ressentir des émotions et des sensations fortes. Il y a celui qui court pour faire face à une crise existentielle, parce qu'il vient d'avoir 40 ans. La liste est longue.

Dans tous les cas, il n'y a pas de bonne ou de mauvaise raison. Sur la ligne de départ, chaque coureur sait qu'il a rendez-vous avec son histoire, chaque coureur sait qu'il est venu accomplir quelque chose d'important. C'est ce que nous rappelle Christophe dans son livre.

Sur l'UTMB®, la très grande majorité des coureurs ne court pas contre les autres pour un classement, mais court contre eux-mêmes, contre le temps, pour finir la course, pour une raison qui fait sens à leurs yeux et qui je le crois, les aide à aller de l'avant.

Catherine Poletti,
directrice de l'UTMB®

***

L'UTMB® est devenu au fil des années un évènement mythique. Destiné à ses débuts à quelques coureurs un peu hors norme, il accueille aujourd'hui à Chamonix près de 8000 participants et plus de 90 nations à la fin du mois d'août.

Certains y viennent pour gagner, d'autres pour avoir le plaisir de terminer, d'autres rêvent encore de prendre le départ dans la foule du Triangle de l'Amitié face aux aiguilles de Chamonix. Mais parcourir les 170 km de sentier autour du Mont-Blanc n'est pas chose facile pour tout le monde, et tous n'arrivent pas à rallier leur but. Pour y arriver, il faut une préparation longue et parfois difficile, une bonne gestion et expérience de ce type de course, et parfois, il faut l'avouer, un peu de chance pour être au mieux de soi-même le jour J.

Une blessure ou une opération peuvent venir bouleverser ce rêve, ce qui rend son aboutissement encore plus merveilleux. Le récit de Christophe, qui retrace les différentes phases qu'il a dû traverser suite à son opération du dos, nous permet de partager son vécu et sa course et nous l'en remercions.

Jean-Charles Rollier,
chirurgien orthopédiste et président de la
commission médicale de l'UTMB®

***

La lombalgie est, en fréquence, la première cause de consultation médicale dans les pays développés. On considère que plus de 4 Occidentaux sur 5 se plaindront de leur dos dans l'année. La sciatique est le plus souvent la conséquence d'une hernie discale, petite lésion d'usure expansive qui vient comprimer le nerf dans la colonne lombaire. Si cette hernie guérit seule avec le temps, avec des médicaments ou parfois une chirurgie, le fond du problème demeure. En effet, une hernie du disque intervertébral n'est jamais qu'un témoignage de la dégénérescence de ce disque, dégénérescence avec laquelle il faudra bien continuer à vivre. Cette usure discale fera le lit de l'instabilité lombaire, jeu progressif entre deux vertèbres qui pourra entraîner des douleurs lombaires chroniques plus ou moins invalidantes, parfois empêchantes. Le patient opéré d'une hernie discale se retrouve dans la situation du patient cardiaque à qui on a soigné une coronaire pour traiter un infarctus, mais qui n'en reste pas moins à jamais fragile du cœur. Comme pour toutes les pathologies chroniques liées au comportement individuel, la responsabilité du patient dans son avenir lombaire est considérable. La bonne gestion de ce dos usé – ou son ignorance – influera bien souvent sur la qualité de vie ultérieure du patient.

L'histoire de Christophe Morisset est celle d'un grand sportif amoureux de la nature et de la montagne, volontaire et talentueux. Sa qualité de médecin ne l'a néanmoins pas protégé de la rechute puisque, pas mieux qu'un autre, il n'avait pris toute la mesure de son premier accident lombaire. En repartant comme si rien ne s'était passé, il a connu la déception de la récidive. Ce second avertissement a été le bon, puisqu'alors, il a intégré dans son quotidien les mesures de prévention et de bonne hygiène lombaire. Il aurait pu se contenter de ce confort retrouvé dans sa vie quotidienne. Il a fait beaucoup plus puisqu'il s'est attaqué avec succès à la course d'endurance en montagne ultime, l'Ultra-Trail du Mont-Blanc®. C'est ici un récit de courage, de volonté, d'humilité et de victoire sur la souffrance qu'il nous livre en sublimant ses malheurs lombaires. L'exploit qu'il a accompli n'est pas le seul fruit de ses aptitudes physiques. Sa volonté farouche, pourtant si souvent malmenée depuis son intervention, lui a permis de se préparer au long cours de façon adéquate et de continuer lors des épreuves, malgré les nombreux coups durs. Chez Christophe, c'est vraiment le cerveau qui commande les jambes, comme c'est le cerveau qui commande le dos. Et il nous montre par l'exemple, avec talent, que les grandes souffrances et les grandes joies sont indissociables. C'est une leçon d'effort, d'amitié, de sagesse et d'optimisme ; en somme, une belle leçon de vie qu'il nous offre. Se dépasser : la seule course qui ne finit jamais.

Pierre Bernard,
chirurgien de la colonne vertébrale,
Centre Aquitain du Dos, Bordeaux

La genèse d'un rêve

Chamonix, le 28 août 2015, 17 h 30
Il est fort ce Vangelis, très fort. À moins que ce ne soit tout simplement le fait d'être là. Je m'étais pourtant préparé à refouler mes larmes le plus longtemps possible pour rester digne et fort – pas question de faire le fragile au départ – mais je n'avais pas prévu que Ludo Collet, le speaker en charge de l'animation de l'Ultra-Trail du Mont-Blanc®, allait balancer *Conquest of Paradise* vingt-cinq minutes avant l'heure H, pour « chauffer le public ». La conquête d'un paradis, tout ce qu'il y a de plus personnel pour chacun des trailers présents en cette magnifique fin d'après-midi sous le ciel chamoniard.

Résultat garanti : je baisse la visière de la casquette, réajuste les lunettes de soleil et laisse les larmes couler, gagné par une émotion que je pressentais depuis des mois, mais que je n'imaginais pas si intense. C'est du brutal comme dirait Blier.

— Mais papa, me dit Robin, tu ne vas pas pleurer maintenant !

Incapable de répondre, la gorge nouée, je le regarde et chiale de plus belle, conscient du ridicule de la situation vue de l'extérieur. Torrent rapidement contagieux qui emporte Béa, ma compagne et assistante préférée pour les ultras, et Guillaume, mon pote de trail, embarqué lui aussi dans le bateau UTMB®. Seul Patrice, assistant coach-pote-photographe, garde un semblant de dignité dans ce concert de voix chevrotantes.

— C'est quoi ce plan, finit par dire Robin, j'avais pas prévu de pleurer au départ !

La musique de *Christophe Colomb* résonne de plus belle dans ma tête et m'emporte dans un maelström de sentiments. Je ferme les yeux et me laisse porter, savourant l'instant; j'ai si souvent rêvé d'être là et d'entendre ce morceau. Les images nées de mon imagination du départ se mélangent avec celles issues de la réalité. Les battements de mon cœur, habituellement assez lents, s'accélèrent, alors que je reste immobile. Pas terrible pour la gestion d'un effort de 45 heures, mais tellement bon en termes de ressenti et d'émotion.

Le morceau s'achève et j'atterris. La place du Triangle de l'Amitié de Chamonix est noire de monde, inondée par un soleil estival qui doit briller tout le week-end. Nous sommes un peu plus de 2500 à tenter ce pari insensé (fou?) qui consiste à faire le tour du massif du Mont-Blanc en traversant la France, l'Italie et la Suisse, soit un peu plus de 170 km et 10 000 mètres de dénivelé positif et négatif, en moins de 46 h 30. L'ambiance est digne du départ d'une étape du Tour de France. Le briefing de Madame Polleti, la patronne de ce grand barnum, est très simple : « Profitez-en, il va faire beau ! »

Même moi, j'arrive à le traduire en anglais et en italien. Est-ce que les soixante-neuf autres nations représentées au départ le comprennent également? C'est probable. Cette course est l'évènement majeur de l'ultra endurance mondiale et se déroule dans la Mecque des sports de montagne. Tous ces coureurs venus du monde entier sont là pour la même chose : terminer et ainsi réaliser leur rêve.

On est assis depuis vingt minutes entre deux voitures, cherchant un peu d'ombre en attendant le top. Peu de mots, beaucoup de pensées. En particulier pour Philou qui n'est pas là physiquement, mais bien présent pour autant. La préparation intense de ces derniers mois défile en accéléré, entraînant avec elle une forme sournoise d'inquiétude. Suis-je capable de terminer cette folie? Tout cet entraînement réduit à néant si je ne suis pas finisher.

Allez stop! Une main sur le cœur, l'image d'un grizzly courant dans une forêt canadienne et voilà les projections positives qui reviennent, chassant les mauvais esprits toujours prêts à s'insinuer dans l'armure protectrice que l'on s'est forgée au fil de la préparation. Merci Tom.

Un mouvement de foule vers la ligne de départ. Il reste un quart d'heure. Je me lève. Un long baiser avec Béa, une accolade avec Pat et une bise à Robin et encore des larmes. Il faut que ça cesse maintenant, je vais me déshydrater avant même d'être parti si ça continue.

On s'approche du magma multicolore formé par les concurrents bariolés aux couleurs des différents équipementiers de running. C'est beau et bruyant. Tout ça sous le regard du Mont-Blanc qui doit bien se demander à quoi on joue. La ligne de départ est loin, mais ça tombe bien, je ne suis pas pressé. Un regard et une poignée de main pour Guillaume et même une bise finalement. On y est mon gars !

On a pris quelques départs ensemble, mais celui-là, c'est quand même quelque chose. Amitié sportive, amitié professionnelle, amitié tout court. C'est bon, c'est simple.

Allez, une deuxième couche de Vangelis, il reste quatre minutes. C'est tout simplement énorme. Je souris cette fois. Les larmes se raréfient. Le cœur bat la chamade. Je me sens invincible. Je suis au départ de l'UTMB®. J'arrive à profiter pleinement de l'instant, enfin je crois et je me goinfre de cette sensation unique. Le soleil, le Mont-Blanc, la musique, ma compagne, mon fils – ma fille en texto à l'instant – mes potes, mon rêve, mon dos, tout y est. C'est magique, c'est vivant, c'est bon.

Le décompte. Je me tourne vers Guillaume.

— Bonne course. À dimanche.

Dimanche, c'est-à-dire dans deux jours, un week-end quoi, pas plus... Trois fois rien.

Le mouvement de foule s'amplifie. Le speaker égrène les chiffres. 5... 4... 3... 2... 1... 0 !

Les premiers partent comme des boulets de canon, à plus de 18 km/h. Nous, on piétine gentiment pendant cinq minutes. Le portique de départ s'approche, grossissant dangereusement comme une bouche prête à nous avaler. C'est un peu ça, d'ailleurs. La foule est en transe. Hurlements, cris, rires, drapeaux de toutes nations, c'est étourdissant. Plus que quelques mètres. J'allume mon GPS.

Un dernier geste en direction de Guillaume. L'ombre du portique m'engloutit quelques secondes avant de ressortir sous le soleil. Comme une naissance, ou plutôt une renaissance. C'est parti ! Bon voyage mon gars.

Centre Aquitain du Dos, banlieue bordelaise, mars 2003
Je suis remonté dans ma chambre depuis quelques minutes, alternant encore les phases veille/sommeil. Les effets de l'anesthésie générale se dissipent lentement. Je flotte toujours dans un confort ouaté et peine à m'en extirper.

Une information se fraie pourtant un chemin dans mon cerveau embrumé. Elle est d'une importance capitale et son analyse me réveille d'un seul coup. Je viens de prendre conscience que je n'ai plus mal !

La douleur lancinante de sciatique dans ma jambe droite qui me ronge depuis quatre mois a complètement disparu. Cette nouvelle est tout simplement prodigieuse. Un bien-être inouï m'envahit à la seconde. Je me délecte de cette absence de stimuli nociceptifs, essayant de me rappeler comment c'était avant pour avoir un élément de comparaison tant la différence est énorme. C'est fou comme la douleur – ou son absence – modifie le comportement et le moral d'un être vivant.

J'affiche un grand sourire béat et jette un coup d'œil par la fenêtre pour profiter en plus d'un rayon de soleil. La journée s'annonce bonne, probablement une des meilleures depuis plusieurs mois.

Je repense à la discussion de la veille avec Pierre, mon chirurgien et ami, m'expliquant qu'une deuxième opération du rachis lombaire en quatre ans pose de sérieuses questions sur la suite de mon avenir sportif. J'ai 33 ans et sans être un pratiquant élite ou professionnel, j'ai touché un peu à tout. Du demi-fond et du foot dans l'adolescence, une incursion dans le rugby après dix-huit ans à la fac et pas mal de sports de montagne constituent mon bagage athlétique.

Mais je suis un récidiviste qui a pris du sursis lors de sa première condamnation. En 1999, j'ai déjà bénéficié des services de Pierre qui m'a enlevé deux magnifiques hernies discales entre L4 et L5 ainsi qu'entre L5 et S1, réalisant au passage un alésage de mon canal lombaire beaucoup trop étroit pour me permettre de continuer à marcher normalement. Le deal était simple à l'époque ; une rééducation longue et soutenue, l'arrêt du rugby et une hygiène de dos sans faille devaient me permettre de reprendre une vie normale, après une telle intervention à moins de trente ans.

Tel ne fut pas le cas. Six mois après l'opération, malgré des épisodes douloureux récurrents, ma trentaine glorieuse me fit faire n'importe quoi. Le gainage, trop fastidieux, fut rapidement abandonné. Le rugby revint à la charge sous la forme d'une équipe de bric et de broc, mais aussi de corporation avec le SAMU et l'hygiène de dos s'effaça au profit d'une négligence aussi stupide qu'assidue qui me conduisit tout droit à la case départ, c'est-à-dire au Centre Aquitain du Dos, quatre ans après.

Mais cette fois, la menace se fit beaucoup plus précise. Les mots, durs, résonnent encore dans ma tête, bien réels : arrêt du sport (excepté marche et randonnée), arthrose précoce, risque de récidive, douleurs lombaires chroniques, etc. La liste n'est malheureusement pas exhaustive.

Pourtant, en cet instant, l'absence de douleur me fait relativiser ces notions d'interdit. Je me contente du bonheur simple de ne plus souffrir. Mon cerveau se met au repos, fatigué d'avoir été sollicité de jour comme de nuit ces dernières semaines par ce rongeur affamé et insomniaque qui s'est mis en tête de me bouffer le nerf sciatique jusqu'à la moelle. Le problème de la douleur neurogène est sa permanence. Il n'existe pas de répit, pas de position antalgique. Elle s'invite un beau jour dans votre corps et vous annonce, sans vous laisser le choix, qu'elle va être votre nouvelle compagne. Elle est possessive et très jalouse, la diablesse, veillant à ne jamais baisser sa garde pour éviter toute amélioration des symptômes.

Les traitements médicamenteux ne sont efficaces qu'un temps. Ma profession de médecin urgentiste m'a pourtant permis de me faire un certain nombre de cocktails détonants, mais qui ont tous eu leur limite. J'ai essayé la balnéothérapie, les étirements, les infiltrations (il a fallu me relever après un glorieux malaise vagal), la morphine et ses dérivés, la cortisone, sans succès, mais pas le cannabis, les prières et les cataplasmes à la moutarde, les incantations et les sacrifices animaliers.

Non, je n'exagère pas, j'image tout au plus pour essayer de donner forme à ce ressenti. Le mal-être généré par la douleur peut vite devenir un annihilateur de vie sociale. L'irritabilité permanente, le moral en berne, le manque de sommeil sont autant de facteurs qui pourrissent votre relation aux autres, y compris au sein de votre famille. La souffrance devient en quelque sorte partagée, donc moins lourde à supporter. Mais à quoi bon souffrir ?

Ces pensées me ramènent à l'instant présent et me font savourer un peu plus le répit post intervention. Même les tiraillements de la cicatrice me paraissent anodins. Je replonge assez vite dans le sommeil, sans pression, ni stress, prêt à repartir sur un nouveau chemin.

Le réveil du lendemain est tout aussi agréable, jusqu'au moment où je me lève pour la première fois. Une fois passée l'appréhension de la station debout, je me mets en marche doucement et constate que mon pied droit ne suit pas le mouvement de manière normale. Je n'arrive pas à le relever et il traîne au sol comme une vieille chaussette. J'essaie alors l'exercice de marche sur les talons et me rends compte que j'en suis incapable du côté droit. Mes orteils refusent obstinément de décoller du lino.

Allons bon, c'était trop beau pour durer. Je passe la matinée à essayer de relever ces fichus doigts de pied, mais rien n'y fait. Je me doute bien de ce qui s'est passé, mais n'ose me l'affirmer. Pierre vient mettre un terme à ces digressions en m'expliquant que le nerf sciatique a été sidéré par la compression herniaire pendant longtemps et que la levée de l'obstacle crée une revascularisation rapide, entraînant ce phénomène temporaire de paralysie, comme lorsqu'on s'endort sur l'avant-bras qui s'engourdit peu à peu. Qu'il est doux à mes oreilles le terme «temporaire». Ce n'est que passager. J'ai craint un temps une complication de l'acte chirurgical; désolé, Pierre, d'avoir douté l'espace d'une seconde.

Passé ce moment de soulagement, je pèse les conséquences possibles d'une paralysie plus durable. Pour courir, ce n'est pas l'idéal. Il y a bien la piscine, mais je nage comme un caillou. Le vélo de route ne fait pas partie de mes plans avant 80 ans; je n'ai jamais compris l'intérêt de vouloir se tuer sur des routes surchargées, les fesses posées sur un timbre poste dont le seul but est d'empêcher votre station assise pendant plusieurs jours. Seul le VTT trouve quelques grâces à mes yeux et encore, pas très longtemps. Pour le ski et le snowboard, ça devrait aller.

Bon, ce n'est pas reluisant, mais pas pire non plus comme dirait une vieille connaissance. Et puis ça finira peut-être par fonctionner à nouveau. Et puis je n'ai plus mal, donc c'est la fête.

Je mentalise immédiatement le programme de rééducation que je vais débuter en rentrant. Un jour avec du gainage et des étirements et le lendemain des étirements et du gainage. Des pompes aussi et de la marche et... bon on se calme, pour l'instant je suis encore à la clinique avec un pied valide sur deux.

J'attrape L'Équipe qui traîne sur la table de chevet pour me changer les idées. La France a battu l'Italie dans le tournoi, magnifique, les footballeurs sont toujours aussi bien payés, parfait, Roger Federer commence juste à remplir son immense palmarès, génial, et une bande d'allumés va tenter de faire le tour du massif du Mont-Blanc en moins de 46 h et en courant. Ce n'est qu'un entrefilet de quelques lignes, mais il attire mon attention. On y parle d'une course de montagne, le terme d'Ultra-Trail® étant quasi inconnu à l'époque, qui doit se dérouler fin août à Chamonix et qui représente un défi monstrueux réservé à quelques athlètes illuminés et probablement instables psychiatriquement parlant. Neuf cols, 150 km et un peu plus de 9000 mètres de dénivelé.

Je pose le journal et essaie d'envisager les contours d'un tel périple. L'imagination travaille vite et je m'approprie cette aventure quelques instants. Le retour à la réalité est frustrant. Impossible, a priori, surtout avec mon récent passé. Ça y est ! Pas vingt-quatre heures que je suis opéré et je recommence mes conneries. Je me suis pourtant promis d'être raisonnable...

Quand même... Ça serait une très belle histoire. Qui sait ?

Préliminaires et cheminements

2003 - 2006 : les prémices
À peine rentré à la maison, je me lance dans la réhabilitation de ma grande carcasse selon un plan très précis élaboré par le kiné de la clinique. Le pied boude toujours, mais semble décidé à faire quelques efforts. Le moral est bon. Les journées s'enchaînent et leur accumulation m'éloigne un peu plus du risque de récidive. Je n'ai pas eu droit à une ostéosynthèse, technique chirurgicale consistant à fixer deux vertèbres avec une plaque métallique et j'ai un risque non négligeable de nouvelle hernie les premiers mois. Le moindre éternuement me stresse et m'incite à accentuer le gainage.

Après quelques semaines, les beaux jours arrivant, je pointe le bout de mon nez en montagne pour des randonnées sans difficulté. L'été pyrénéen s'annonce bien. Les douleurs résiduelles s'estompent au fil du temps, me permettant d'allonger les efforts. Le pied droit semble vouloir récupérer une certaine forme d'autonomie. Je pars seul le plus souvent, ayant besoin de me tester et ne voulant prendre aucun risque à faire la course avec quelqu'un. Le plaisir contemplatif des paysages de montagne m'a toujours comblé. Les sentiers escarpés sont beaucoup plus à mon goût que les pistes en tartan ou les routes bitumées. Je me surprends à trottiner sur certaines portions de chemins, éprouvant une sensation de renaissance tout à fait agréable.

Ces balades sont propices à la réflexion et à l'introspection. L'absence de douleur invalidante fait naître une forme de sérénité dans l'approche de l'activité sportive. J'ai bien compris, cette fois, qu'un certain nombre de sports sont relégués dans mon musée personnel si je veux continuer à pratiquer ce qui convient à mon rachis lombaire. En gros, la course à pied, la randonnée et peut-être le snowboard, mais ça on verra cet hiver.

Qu'est-ce qui m'a fait aimer la course à pied depuis tout gamin ? Le fait qu'elle existe, sans vouloir paraphraser Georges Mallory. De nombreux ouvrages ont traité cette question quasi philosophique, apportant chacun un éclairage différent sur le sujet. Je ne peux que conseiller l'excellent essai de Guillaume Le Blanc, intitulé *Courir, méditations physiques* qui donne une dimension intellectuelle au mouvement des jambes.

Pour ma part, c'est très simple. Je cours en milieu naturel, car j'ai besoin de cette immersion dans le calme et le silence. Les sens s'aiguisent et s'apaisent en même temps, car les stimuli sont variés et doux. Tout le contraire d'un concert de klaxons pollués pour un marathon en ville. Je hais d'ailleurs particulièrement les rencontres champêtres avec les «pilotes» de moto-cross sauvage qui représentent à mes yeux le summum de la bêtise humaine. Comment peut-on amener bruit, pollution et dégradation du milieu naturel impunément pour satisfaire un besoin bulbaire de chevaucher un engin motorisé ? Ces êtres vivants vrombissants sont probablement équipés de moto-neurones (si, si, ça existe vraiment), ce qui les différencie des humains. Je sais, il ne faut pas faire de généralités ; je sais, ce n'est pas politiquement correct, mais bon ça fait du bien. Je vous rassure, j'en ai d'autres en stock. Mais bon, quand même, le moto-cross sauvage, c'est nul. Bon, j'arrête. Mais c'est nul...

Revenons à la course à pied nature après cette parenthèse mécanique. La dénomination Ultra-Trail® est assez récente (une grosse dizaine d'années) et le nombre de pratiquants en augmentation croissante. On utilise d'ailleurs plus volontiers le terme d'ultra endurance maintenant. Ce phénomène sociétal intéresse de plus en plus les médias et les fabricants de matériel dédié, mais beaucoup de coureurs n'ont pas attendu cet engouement pour préférer fouler les chemins de campagne et de montagne plutôt que les pistes et les routes. C'est exactement mon cas. La randonnée pédestre en montagne s'est au fil du temps transformée en marche rapide puis en course et les footings dominicaux ont migré vers les bois et les champs.

En allant plus loin, sans jeu de mots, le terme ultra s'est accolé au mot trail. Pourquoi rajouter des durées de plus en plus longues à une activité déjà difficile comme la course en montagne ? En fait, il faut se poser la question à l'envers. Qu'est-ce qui limite les efforts de très longue durée sur la course à pied classique bitumée ? La réponse est simple : la lassitude. À part quelques individus adeptes des 100 bornes, il faut bien reconnaître que courir plus de quatre ou cinq heures sur une route est très vite rébarbatif, en plus d'être hautement toxique pour les articulations. Je ne parle évidemment pas des tours de pistes de 400 mètres qui, au bout d'un certain temps, vous font ressembler à Jack Nicholson dans *Vol au-dessus d'un nid de coucou*.

Rien de tout cela dans l'ultra endurance. Le paysage change à chaque virage, le terrain varie en permanence, surtout en montagne, l'alternance jour/nuit modifie les perceptions sensorielles et le rythme de course, beaucoup plus lent, même pour les pros, permet l'observation et parfois même la contemplation de ce qui nous entoure. Bien sûr, un certain nombre d'inconvénients s'invitent à la fête : les ampoules, les douleurs musculaires, le manque de sommeil et j'en passe, mais l'équilibre global penche sans problème vers une augmentation des distances et des durées de course intimement liées à un plaisir accru et sans cesse renouvelé.

Quand je recommence à parcourir la montagne au cours de cet été 2003, je n'ai d'autre but que de savourer la pratique simplement, tout en me refaisant une «caisse». Je suis très loin des courses longues distances et leur simple évocation me fait fuir. Je suis conscient de mon handicap et n'envisage pas autre chose que des sorties à la demi-journée, bien suffisantes à ce moment-là de ma rééducation. L'UTMB® a totalement disparu de mes pensées, enfoui profondément dans les méandres de mon cerveau. Mes préoccupations sont beaucoup plus pragmatiques : ne pas me blesser à nouveau et retrouver du plaisir dans la pratique du sport.

J'y parviendrai en cette fin d'été en réalisant une course magnifique, la traversée du Vignemale, petit pic - grand pic, en compagnie d'un joyeux groupe de potes et par une journée radieuse. Cette course de haute montagne, sans difficulté majeure, mais dans une belle ambiance, se terminant au sommet des Pyrénées françaises, me permettra de retrouver des sensations physiques en veille depuis plusieurs mois. Je me souviens très bien de la grande joie intérieure ressentie au sommet en contemplant l'immense paysage à mes pieds. Une première étape dans le cheminement sportif post chirurgie. Un grand jour.

L'arrivée de l'hiver me permettra de goûter à nouveau aux joies du snowboard. J'appréhendais les mouvements de rotations du bassin, mais le gainage bien conduit de l'été m'a permis de renforcer ma ceinture abdominale et d'éviter les positions délétères. Quel pied de tracer à nouveau dans la poudreuse. Là encore, je préfère les espaces vierges que réserve la randonnée hivernale aux stations de ski surpeuplées. Même si le fait d'habiter à proximité des montagnes permet de choisir ses journées à la carte, le silence ouaté de la montagne enneigée m'appelle plus que la techno des snow-park. Question de choix. Mais il est important de l'avoir, ce choix.

Je reste persuadé que l'instinct grégaire citadin se retrouve l'hiver dans les stations de sports d'hiver et l'été sur les plages. Un certain nombre de nos congénères éprouvent un besoin viscéral de communauté. La solitude est même considérée comme une pathologie à part entière. On reproduit les mêmes comportements en changeant simplement de lieu ; la file d'attente au télésiège remplace les bouchons de sortie de boulot, les refus de priorité sont les mêmes en voiture, sur des skis ou sur une planche de surf en mer, les incivilités, pour parler proprement, se multiplient de manière proportionnelle à la densité de population présente au même endroit en même temps.

Rien de tout cela à l'écart des stations. Le calme, le silence, la faune hivernale – quel spectacle de voir décoller un coq de bruyère à la lisière d'un bois sous la neige – le plaisir sans fin de réaliser une trace parfaite dans un champ de poudre, aussi belle qu'éphémère.

L'année 2003 se termine bien. La phase de risque post intervention s'étiole, amenant une nouvelle confiance dans mes capacités physiques. Il n'est toujours pas question de courses longues, juste des randonnées et du footing tranquille.

En août 2004, un petit séjour à Chamonix avec Philou et nos familles respectives me fera parcourir quelques itinéraires de haute montagne. L'aiguille du Tour, la petite Verte et quelques balades dans ce massif magnifique m'amèneront à aimer un peu plus cet endroit. Nous assisterons par le plus grand des hasards au départ de la deuxième édition de l'UTMB®. Je me rappelle très bien mon étonnement et ma curiosité en voyant ces coureurs équipés bizarrement rejoindre la ligne de départ. Après discussion avec Philou autour d'une bière, il nous paraît pourtant évident que ces individus sont complètement fous et en quête d'une thérapie quelconque pour traiter leurs maux de l'esprit. Eh oui, nous sommes en 2004.

À part la course des Templiers, à côté de Millau, qui jouit d'une certaine renommée – tout le monde ne s'associe pas à cette idée, mais nous en reparlerons –, le trail n'est pas vraiment une discipline reconnue à cette époque. La pratique est peu répandue et seuls quelques initiés partagent cette passion. Les grandes histoires commencent très souvent dans l'anonymat. Je ne m'associe toujours pas à ce mouvement de compétition en milieu naturel, préférant ma pratique personnelle, loin des dossards et des chronomètres.

En 2005 et 2006, je continue dans la voie des randonnées estivales et hivernales, enchaînant les courses et les sommets. Cette période, noircie par des difficultés familiales, me trouve souvent seul en montagne. Un besoin naturel de se ressourcer au calme en essayant de retrouver une forme de sérénité. Le dos, lui, va bien. Il faut dire que je le bichonne. Le gainage, la musculation, l'activité sportive régulière me permettent de soigner le corps et l'esprit.

En avril 2006, nous réaliserons, avec Patrice, l'ascension de l'Aneto, point culminant des Pyrénées, et surtout sa descente en snowboard. Cette course reste, encore aujourd'hui, une des plus belles que j'ai réalisées. La météo fut parfaite, nous étions seuls et la neige tombée quelques jours auparavant nous permit de faire une trace exceptionnelle sur plus de 1500 mètres de dénivelé. Un pur bonheur. Un partage le plus souvent silencieux, mais ô combien enrichissant ! Une sensation de plénitude et d'aboutissement en ayant réalisé la course, sans accident ni grosse frayeur et en pouvant se retourner pour contempler ce que certains appellent la plus belle descente des Pyrénées.

Et nous arrivons au 9 juillet 2006. Pour beaucoup de monde, cette date renvoie au coup de boule de Zidane sur Materazzi en finale de la coupe du monde de foot. On ne dissertera pas sur ce geste ni sur son auteur, là n'est pas le propos et ils n'en valent pas la peine. Pour moi, cette journée restera marquée par ma première compétition sur une course de montagne. Je ne sais plus très bien comment Philou et Patrice m'ont amené dans cette histoire, mais toujours est-il que nous nous retrouvons ce jour-là tous les trois sur la ligne de départ du Challenge du Lys, à Cauterets. 15 km et 1500 mètres de montée sèche jusqu'en haut de la station de ski avec redescente en téléphérique. Une bricole me direz-vous si vous avez lu le titre du bouquin. Mais ce jour-là, une passion naît. Je me souviens très bien m'être envoyé comme un chien sur ce parcours, certes court, mais très exigeant physiquement du fait du dénivelé. Nous finirons la course tous les trois ensemble, bras dessus bras dessous, ce qui nous vaudra une séquence sur le DVD de l'épreuve. Philou terminera frais comme une bonite des Colombié, Patrice tranquille et serein et moi complètement carbonisé, mais envahi d'une joie et d'une rage intense. J'utilise le mot rage en connaissance de cause, car il en faut pour terminer certaines courses quand l'épuisement et la douleur vous commandent d'arrêter sur-le-champ.

J'ouvre une parenthèse dans cette chronologie pour évoquer le contrôle du mental sur le physique. Plus que dans n'importe quelle discipline, la tête commande le corps en ultra endurance. Des études médicales menées à l'arrivée de l'UTMB® démontrent que la contraction musculaire est dépendante uniquement de la volonté alors même que la contractilité du muscle n'est pas altérée sur le plan physiologique. Le cerveau demande au muscle de s'arrêter, car il ne gère plus la somme de stimuli nociceptifs qui lui arrivent, mais la fonctionnalité même de la fibre musculaire est intacte. Il existe bien sûr des microlésions induites par les contractions et chocs répétés, mais le potentiel musculaire est inchangé en valeur absolue.

C'est cet aspect qui va me conduire petit à petit vers l'ultra. La capacité de pouvoir influer sur l'effort physique et sa continuité par la seule force de la volonté. Je mesure 1 mètre 93 et pèse, à cette époque, 93 kilos. Je n'ai pas le morphotype du coureur en montagne, c'est une évidence. Sur les courses, j'entends d'ailleurs régulièrement des remarques sur mon physique, la plupart du temps interrogatives. Je dois donc trimbaler quelques décimètres cubes sur des sentiers en pente et en ayant le dos d'un octogénaire. Physiquement très compliqué, mais mentalement réalisable. Et c'est bien là l'essentiel et le plus agréable.

Le fait d'avoir fini cette course du Challenge du Lys va déclencher un processus de renouvellement perpétuel. Ayant goûté à la satisfaction intense d'avoir terminé, je n'ai qu'une seule envie, recommencer. Mais plus longtemps, plus loin et plus haut. Je n'ai pas dit plus vite. La course en montagne est rarement, sauf pour les coureurs élites, une discipline de vitesse. Elle serait plutôt un éloge de la patience et le fruit d'une gestion raisonnée d'un grand nombre de paramètres tels que l'hydratation, la nutrition, le sommeil et beaucoup d'autres.

Aller vite, c'est bien; arriver, c'est mieux.

Cette maxime, je la mettrai en application au cours de mon voyage au Népal. Objectif : un trek partant de Lukla jusqu'au Kalapatar, au-dessus du camp de base de l'Everest en aller/retour. Passé la frousse provoquée par le vol Katmandou/Lukla dans un albatros digne de *Bernard et Bianca* et avec un atterrissage sur la piste la plus courte et la plus pentue du monde, nous réaliserons un voyage à pied magnifique entre l'Ama Dablam et l'Everest. L'éloge de la lenteur trouve sa justification dans l'essoufflement rédhibitoire provoqué par l'altitude. Le moindre effort violent vous laisse asphyxié sur le bord du sentier sous le regard hilare des porteurs népalais insensibles à cet obstacle physiologique. Le voyage à pied prend ici tout son sens, mêlant effort et contemplation, introspection et divagation de l'esprit.

Une météo encore une fois clémente nous permettra de contempler le toit du monde dans un ciel limpide. L'énormité des sommets alentour me laissera un sentiment d'infiniment petit. La gentillesse des Népalais et leur sourire resteront gravés à jamais dans ma mémoire. Mais surtout, si je devais ne retenir qu'une seule chose de ce périple, un sentiment de liberté intense lié au fait de se déplacer au rythme de ses pas. L'abolition de la contrainte temps associée à la disparition de la notion de vitesse. Il naît de ces heures de marche une forme de sérénité que l'on a du mal à retrouver dans notre civilisation de l'immédiateté.

La marche afghane, technique chère à Guillaume Millet et très ancienne, permet de parcourir plusieurs dizaines de kilomètres par jour sans fatigue excessive, en entrant dans une forme de rythme perpétuel de balancier des bras et des jambes. On y accède finalement assez vite sur ces sentiers himalayens, associant le corps et l'esprit pour avancer jusqu'à la prochaine étape.

Ce voyage népalais m'a beaucoup appris sur la gestion d'un effort long en montagne, même si à l'époque, il s'agissait de marche et non d'un trail. Mais aujourd'hui encore, j'utilise l'expérience de ce trek pour le bon accomplissement d'un ultra.

2007 - 2010 : on y vient doucement
Tellement doucement qu'en 2007, il ne se passera pas grand-chose, tout du moins au plan sportif. Pour le reste, c'est une autre histoire qui ne trouve pas sa place dans ce bouquin. Le dos va bien, les montagnes sont toujours là et la vie continue. Il vaut mieux savoir prendre ses responsabilités dans la quête d'un bonheur futur que de se contenter d'un faux semblant de satisfaction confortable. Réflexion personnelle qui n'engage que mes choix.

2008. Après avoir failli finir ma carrière de trailer débutant et ma vie par la même occasion dans une crevasse suisse du Petit Combin – j'ai été puni d'avoir emprunté l'hélicoptère pour une dépose sur un sommet – j'ai fait connaissance avec le Gypaète. Pas le rapace qui se nourrit d'os en les laissant tomber au sol pour en déguster la moelle, mais un trail qui se déguste en parcourant les sommets entre Lourdes et Argelès, dans les Hautes-Pyrénées.

Le moral est bon en ce matin d'avril et je m'élance confiant. Trois sommets à gravir sur 34 km et 2000 mètres de dénivelé. Le premier passe tout seul et je me laisse griser par les sensations, nouvelles, savourant l'absence de douleur. Hélas, pas pour longtemps. À l'attaque de la deuxième bosse, alors que tous les voyants internes sont au vert, je me retrouve cloué sur place par des crampes aussi inattendues que violentes. Mes deux quadriceps, et plus particulièrement mes deux vastes internes, m'indiquant illico qu'il est urgent de m'arrêter. Il faut dire qu'ils ont des arguments. Incapable de prendre appui plus de deux secondes sur chaque jambe, je me retrouve en train d'exécuter une sorte de gigue désarticulée et totalement incontrôlée, accompagnée de borborygmes injurieux, pour le plus grand plaisir d'un jeune spectateur qui doit encore en rigoler. Finalement, après quelques contorsions, le mal commence à s'estomper, me permettant d'avancer de quelques mètres. L'euphorie précédente a disparu et je calcule la distance et surtout le dénivelé restants avec effroi. Je viens de faire connaissance avec mesdames les crampes, compagnes de voyage imprévisibles et fourbes, qui marcheront dans mes pas un grand moment. Je viens également d'appréhender un principe fondamental du trail : l'humilité. C'est quand on se croit invincible et sûr de soi que l'on se plante. Guillaume Millet, auteur du livre *Ultra-Trail, plaisir, performance et santé*, résume très bien cette situation par cette phrase : « Si tu te sens bien au cours d'un ultra, ne t'inquiète pas, ça va passer... »

Je finirai ce trail des Gypaètes dans un état de décomposition avancée, mais infiniment heureux. Les crampes m'auront tenu compagnie une bonne partie du parcours, la dernière descente aura eu raison de mes pieds et de leurs ongles, mais la ligne d'arrivée sera comme une consécration. Des larmes de joies couleront et des accolades avec les potes préfigureront de nombreuses arrivées de course avec à chaque fois cette même émotion.

Il me faudra du temps pour récupérer et pour analyser ce premier vrai trail. À lire ces lignes, vous devez vous demander ce qui me pousse à continuer, si ce n'est l'envie de se faire mal. C'est bien au-delà. La joie énorme provoquée par le passage de la ligne d'arrivée gomme les moments difficiles et douloureux. L'ultra endurance n'est pas une discipline où l'on fait des efforts très intenses, du moins à mon niveau, mais où l'on doit gérer une pratique longue, ponctuée de moments d'euphorie et de moments de doute. La durée des épreuves donne une saveur toute particulière à l'arrivée puisqu'on met en balance des émotions véhiculées pendant plusieurs heures/jours avec un moment d'extrême intensité, mais très bref, correspondant au passage de la ligne. Un éloge de la patience associé à une explosion instantanée. Une antinomie de philosophie dans un même évènement, avouez que ça n'existe pas partout. Sylvain Tesson, dans *Vérification de la porte opposée*, l'écrit très bien : « Il sait que l'extase des arrivées est proportionnelle aux énergies déployées pour parvenir au dernier pas. »

Alors bien sûr, vous me renverrez ces images où l'on voit un coureur d'ultra déhanché dans une position improbable avec un rictus de douleur barrant son faciès et vous vous demanderez où est le plaisir. Je vous invite à mon tour à faire quelques kilomètres de plus pour retrouver ce même coureur, au passage d'un sommet ou dans une descente, le visage éclairé d'un large sourire et courant comme un chamois. Car c'est cela, le trail : une succession d'instantanés, agréables ou difficiles, heureux ou tristes, euphoriques ou déprimés, mais qui permettent toujours d'avancer. Un résumé de vie en quelque sorte.

Cette même année, en juillet, galvanisé par le fait d'avoir terminé les Gypaètes, je m'inscris au trail du Petit Vignemale. Le cousin du grand, un petit peu moins haut, mais tout aussi joli. Départ et arrivée de Cauterets avec visite du lac de Gaube, du refuge de Baysellance et de la vallée d'Estom. Je prends le départ de bon matin, sans les copains cette fois et sous un soleil radieux. La montée jusqu'au Gaube est tranquille et fraîche. Au lac, belle surprise avec un ravitaillement et les encouragements de Christophe Bassons, cycliste pro et chantre de la lutte contre le dopage qui s'est mis au trail. Je le salue et lui adresse un petit signe de la main, le félicitant pour ses prises de position courageuses qui lui ont valu les pires tourments.

Profitons de cette courte pause devant les eaux bleues de ce joyau pyrénéen pour faire une parenthèse sur le dopage. Le sujet est d'actualité, mais également très ancien. Même si le vélo en a été la tête de gondole, une multitude de sports sont gangrénés par ce fléau. Pourtant, je me plais à penser, naïvement sûrement, que le trail est moins touché. Pour une première raison très simple : il n'y a pas de récompense financière à ce jour dans les compétitions, sauf pour la fameuse course des Templiers... Même des grandes épreuves comme le Grand Raid de la Réunion ou l'UTMB® n'ont pas de «prize money». Bien sûr, les coureurs élites sont dédommagés par leurs sponsors, mais le dernier et le premier reçoivent le même lot de finisher. Or on sait bien que l'argent est l'amant de la dope, faute de pouvoir être son officiel. Une autre raison, plus philosophique, est liée à l'immersion dans le milieu naturel induite par le trail. Pas de place pour l'artificiel dans cette discipline. On y retrouve des valeurs de partage, d'entraide, de contemplation qui s'accommodent mal d'injection de corticoïdes ou d'EPO. Et puis 90 % du peloton est amateur et court avant tout pour le plaisir de terminer l'épreuve. On est plus là pour finir que pour battre le copain.

Mais revenons au Vignemale. L'ascension se poursuit dans des conditions très agréables. Quelques plaques de neige dues à un hiver tardif balisent le parcours, sécurisées par des gendarmes du PGHM. L'arrivée au sommet est grandiose et je m'arrête quelques minutes pour profiter du 360° qui m'entoure. C'est aussi l'apanage du trail à mon niveau que de pouvoir se poser pour regarder et contempler les trésors naturels qui s'offrent à nous. Le terme de course prend ici une signification particulière puisqu'on se permet le luxe de s'arrêter pour regarder le paysage. C'est encore une fois antinomique. Un des nombreux paradoxes du trail. Comme si le fait de courir en montagne nous permettait de ralentir le temps qui passe. Oui, je sais, ça commence à devenir touffu. Mais prenez cinq minutes pour relire cette phrase et la matérialiser. Ceux qui ont déjà vécu cette expérience comprendront un peu plus vite cette maîtrise de l'espace-temps.

Au début, la descente se fait sur les fesses en profitant des pentes encore enneigées, puis dans des blocs rocheux qui me permettent assez rapidement de retrouver mes bonnes copines. J'arrive au refuge avec deux barres à mines à la place des jambons, obligé de stopper ma progression pour essayer d'étirer mes pauvres fibres musculaires gavées d'acide lactique. Il est fréquent, lors d'un ultra, d'avoir des crampes aux changements d'efforts. Une longue descente (ou une longue montée) sollicite les muscles d'une certaine façon et le brusque changement de pratique ne leur permet pas de s'adapter à une contraction nouvelle. Ceci est bien entendu valable chez le trailer débutant que je suis.

Je gère la suite de la descente en alternant marche et course, essayant de garder une moyenne horaire acceptable et en m'hydratant suffisamment pour contrer les effets de la chaleur de ce mois de juillet. Après 6 h 30 d'effort, je passe enfin la ligne, sous les applaudissements et avec encore cette joie indicible qui m'inonde. Je serre le poing, comme une revanche sur les épreuves passées et savoure quelques minutes le chemin parcouru à l'ombre d'un platane. La persévérance paye. Je me sens conquérant, mais également habité par un apaisement qui tranche avec les émotions ressenties quelques minutes auparavant. Éternelle dualité des sentiments qui font le sel de la vie.

13 novembre 2015 : temps mort

Terminologie sportive utilisée malheureusement dans son sens propre pour marquer une pause dans ce récit suite aux attentats parisiens de ce sinistre vendredi 13. On fait une modification temporaire de l'espace-temps, procédé littéraire peu orthodoxe, mais qui me semble indispensable aujourd'hui. Je sais, on ne doit pas tout mélanger, mais même *L'Équipe* a titré son quotidien d'une page noire. C'est juste une façon pour moi de rendre hommage aux victimes de la folie barbare non humaine qui a sévi ce jour-là.

J'ai suivi cet évènement de loin, comme beaucoup d'autres, frustré quelque part de ne pouvoir exercer mon métier pour venir en aide aux blessés, mais en même temps soulagé de ne pas être confronté à cette abomination. J'ai essayé d'analyser l'inexplicable, sans y parvenir bien entendu. Comment peut-on enlever la vie, y compris la sienne, de cette façon pour quelque chose qui n'existe pas en ce monde ? Comment peut-on avoir été à ce point aveuglé par la souffrance et le désespoir pour commettre de tels actes ?

C'est probablement facile de donner un avis sur le sujet confortablement installé devant un bon feu de cheminée quand dans le même temps un enfant soldat du Mali ou un gamin syrien qui n'ont plus aucun espoir en rien sont amenés à suivre cette macabre destinée dans le seul but de donner enfin un sens à leur existence. Ceux qui profitent de la faiblesse et du dénuement extrême de leurs semblables pour armer leur bras au nom d'une idéologie destructrice et sauvage, doivent être jugés et bannis de toute vie sociétale. Malheureusement, ils agissent souvent à couvert pour exécuter leurs noirs desseins et échappent toujours à la justice.

Je n'ai pas l'intention d'imposer un point de vue sur ce qui s'est produit en ce jour funeste. Je veux juste le citer pour accompagner en pensée ceux qui ont perdu la vie de cette façon. Le sujet de mon bouquin est un appel à la beauté de la vie, à la paix, à la nature, au dépassement de soi, au partage, à l'amitié, bref, tout le contraire de ce que les terroristes montrent au monde aujourd'hui.

Mais la vie continue, heureusement. De manière un peu égoïste, je vais aller courir en montagne pour oublier ces images affreuses, profiter de l'été indien pyrénéen et me gaver de ces paysages apaisants qui me donnent tant. Et penser un peu à la folie (in)humaine et au fait que ces terroristes et ceux qui les arment n'ont absolument rien compris.

2007 - 2010 : suite

Reprenons le cours de notre récit pour arriver en 2009. Cette année marquera un tournant très important dans ma progression. En mars, après une semaine de snowboard du côté de La Grave, paradis naturel du free ride alpin, je vais me retrouver confronté à une vieille connaissance : la sciatique. Début insidieux et ignoré, comme si le fait de faire semblant pouvait changer quelque chose. Assez rapidement, une angoisse sournoise va m'obliger à prendre le problème à bras le corps. Repos, cure d'anti-inflammatoires et IRM au menu.

Résultat : pas de hernie discale, mais une arthrose intervertébrale cognée responsable du phénomène douloureux. J'étais tellement persuadé, en entrant dans le service de radio, que je serai confronté à une récidive herniaire, que mon soulagement fut intense en apprenant le diagnostic. En effet, pas d'opération à prévoir, juste du temps et de la patience. Il n'en reste pas moins que je me retrouve à nouveau immobilisé, à une période où je me sentais en pleine possession de mes moyens ; un peu trop peut-être.

Béa me permettra de remédier au problème en m'incitant (fortement) à consulter un podologue du sport réputé sur Pau. L'idée étant de s'occuper une bonne fois pour toute de la cause de mes problèmes lombaires plutôt que de traiter en permanence les conséquences. En effet, quelques années auparavant, on m'avait diagnostiqué un déséquilibre du bassin d'environ un centimètre ; en clair, j'ai une jambe plus courte que l'autre. Mais à l'époque, on ne corrigeait qu'à partir de deux ou trois centimètres de différence entre les deux membres inférieurs. La médecine évoluant comme le reste et n'étant pas une science exacte, ce qui était vrai au début des années 90 ne l'était plus en 2009.

Me voilà donc un beau matin de mai en train de courir en caleçon sur un tapis roulant, filmé par une caméra afin d'étudier ma technique de course et mes déhanchements pathologiques. Au terme de cette séance, je repars avec deux magnifiques paires de semelles compensatrices à utiliser au quotidien, urbi et orbi.

Je resterai bien sceptique les premières semaines devant une absence relative de résultat et l'impression d'avoir en permanence un truc dans la chaussure. Mais assez vite, les douleurs vont s'estomper et je vais ressentir progressivement l'impression d'une stabilisation posturale inconnue jusque-là. Je tiens à préciser à ceux, qui, à la lecture de ce récit, passeront le pas des semelles, de bien respecter cette période de transition sans découragements hâtifs. Il faut laisser le temps au corps de s'adapter à ce nouvel équilibre, mais le résultat est là. Monsieur Pilloy, soyez infiniment remercié, vous m'avez permis de recourir.

Avec une prudence exagérée, je vais reprendre la course muni de mes chaussures équipées. Mais je vais constater assez vite que ma technique s'est modifiée. Je me tiens plus droit, je raccourcis mes foulées et surtout, je diminue le temps de contact de mon pied avec le sol. Je lève davantage la tête, mon regard se porte plus loin et j'anticipe ainsi mieux les pièges. De ce fait, je suis plus relâché et moins sujet aux contractures. Comme quoi la biomécanique a du bon et une simple modification de quelques millimètres m'a permis de retrouver et même optimiser mes moyens physiques. La question subsidiaire qui en découle renvoie au délai de mise en place ; si j'avais bénéficié des semelles correctives avant la première opération de 1999 ? Question hélas sans réponse et finalement sans intérêt puisque passée. L'avenir est devant moi, c'est bien là l'évidence et l'essentiel.

Autre enseignement de cette interruption sportive : la prise de conscience – enfin – de ma pathologie lombaire. En effet, une fois encore, je me suis laissé griser par la pratique sportive et l'absence de douleur. L'être humain a une incroyable capacité à oublier l'essentiel. Il faut bien l'avouer ; la dernière année a été beaucoup moins rigoureuse en termes d'hygiène de dos. Mais la sentence est tombée, une fois de plus, pour me rappeler à l'ordre. Pour tous ceux qui vont lire ce bouquin en ayant ou en ayant eu des soucis de hernie discale, considérez-vous comme des diabétiques. Vous devez vous astreindre quotidiennement à entretenir votre pauvre colonne vertébrale. De la même façon qu'une personne diabétique doit prendre son insuline tous les jours, vous devez respecter vos lombaires avec une fréquence identique. Les personnes souffrant de diabète trouveront certainement mes propos exagérés, mais je les assume. Certes, la gravité de la pathologie n'est pas comparable, mais le cheminement nécessaire pour bien appréhender les problèmes de dos repose sur les mêmes bases.

C'est bardé de nouvelles certitudes et habité d'une motivation toute neuve que je vais reprendre l'entraînement de manière progressive et raisonnée. Eh oui, la bête est coriace et dure à abattre. Ce sentiment de pouvoir se relever après une période d'inactivité forcée est à consommer sans modération. On en viendrait presque à souhaiter un nouveau pépin pour goûter à nouveau à cette euphorie. Non, blague à part, je n'en suis pas là, fort heureusement.

Je vais donc repartir courir dans les bois et les montagnes. Je m'aperçois à cette occasion que je n'ai pas trop perdu de condition physique. C'est encore un point positif qui me donne un surcroît de motivation et me permet de m'inscrire à la Course des Refuges ; une petite balade au départ de Cauterets, qui va nous faire traverser trois vallées avec une petite incursion en Espagne, le long du Vignemale et au fil des refuges les plus connus du coin.

Je me retrouve au départ de cette nouvelle aventure, un beau matin ensoleillé – encore – de juillet 2009. Le départ est tranquille et frais et j'alterne marche et course autant que possible. La descente vers le refuge des Oulettes est somptueuse avec la Pique Longue et le lac de Gaube en panorama. La remontée en direction du refuge Wallon verra l'apparition des premières crampes. Je m'y attendais et je les accepte comme compagnes de voyage. Les arrêts se font pourtant fréquents et je commence à regarder mon chrono de plus en plus souvent, soucieux de négocier au mieux les barrières horaires.

Toutes les courses sont en effet dotées de ces fameuses barrières virtuelles, qui ne concernent que le dernier tiers du peloton, mais qui occasionnent bien des tracas par leur fréquence et leur rigueur. En effet, pour éviter aux organisateurs d'avoir à chercher les derniers concurrents pendant des semaines, un certain nombre de points de contrôle sont répartis sur le parcours avec une heure limite de passage. Tout coureur qui arrive après l'heure fatidique se voit dépossédé de son dossard et disqualifié. Autant dire que cette sentence provoque un fort sentiment de frustration et d'injustice chez le concurrent concerné et qu'il faut souvent de grandes qualités diplomatiques aux bénévoles présents pour raisonner l'infortuné participant.

Je me retrouve assez rapidement en limite de temps sur la descente vers Wallon et malgré une cavalcade effrénée entre rochers et crampes, je vais me voir arrêter à l'arrivée au refuge. Je peste, grogne, gesticule et m'agace devant tant de rigidité, mais rien n'y fait. C'est la première fois que je suis confronté à ce mur de frustration. Pourtant, au bout de dix minutes, le flot de concurrents arrivant au refuge continue de grossir. Je suis surpris d'avoir autant de monde derrière moi. Un des organisateurs nous informe que seulement un tiers des coureurs est passé avant la barrière horaire et qu'il autorise ceux qui le souhaitent à poursuivre la course. Je crie ma joie et repars illico accompagné d'un gars de mon gabarit, ce qui est suffisamment rare pour être signalé. Pas mal de concurrents jettent l'éponge et seul un petit nombre reprend la route.

Malheureusement, quelques minutes après, je suis de nouveau cisaillé par mes copines au niveau des quadriceps. Je m'arrête, découragé et fait signe à mon compagnon de continuer sans moi. Il s'arrête également et me donne deux pastilles blanches sorties de son sac à dos.

— Prends ça, me dit-il en rigolant. C'est de la bonne.

Surpris et un peu inquiet, je lui demande l'origine de ces mystérieux comprimés.

— T'inquiète, répond-il goguenard. C'est du sel !

— Du sel ? Mais ça marche pas !

J'ai toujours entendu parler de cette martingale chez les coureurs de marathon, mais j'étais intimement persuadé que cette croyance populaire n'avait aucun fondement.

— Ben essaie, au moins, me dit mon clone. Parce que si tu ne fais rien, tu rentreras à Cauterets à l'automne, à ce train-là.

Perplexe et à moitié vexé, j'avale les pilules et me remets en marche.

Et l'improbable se produit. Au bout de dix ou quinze minutes, les contractures réflexes musculaires s'estompent. Prudent au début, je n'ose pas trop forcer et me contente de trottiner dès que le relief le permet, sans exagérer. Mais il faut bien se rendre à l'évidence, je n'ai plus de crampes. J'envoie un peu plus, en utilisant davantage mes cuisses dans les montées et je constate que tout va bien.

Requinqué par ce miracle, je remercie mon sorcier et m'envole vers le refuge d'Iléou au milieu d'un paysage lacustre paradisiaque. La journée est magnifique, sans nuage et je me délecte de l'environnement dans lequel je suis plongé. La période de découragement est oubliée et je sais que je vais terminer cette course. Je m'arrête quelques instants pour examiner un concurrent déshydraté qui ne met plus un pied devant l'autre. L'état d'épuisement du gars est impressionnant et plusieurs coureurs stoppent pour lui donner à boire. Allongé à l'ombre, il parvient à récupérer quelque peu et nous remercie de lui avoir porté assistance.

C'est aussi une des grandes valeurs du trail. L'entraide et l'assistance entre concurrents. Même si les organisateurs menacent de disqualification ceux qui ne portent pas secours à une personne en difficulté, cette sentence n'est jamais appliquée. C'est l'essence même de la discipline. On évolue dans un milieu naturel qui peut vite devenir hostile, comme en témoigne le drame du trail du Mercantour et chacun peut se retrouver en difficultés à un moment ou à un autre. Il est très fréquent de prononcer quelques encouragements à un coureur que l'on dépasse qui vous rendra la pareille quelques minutes après.

Soulagé de voir le malheureux capable de repartir a priori, je reprends mon chemin et signale sa présence au point de contrôle suivant. Il ne me reste plus que la très longue descente sur Cauterets et je suis envahi à nouveau par ce sentiment de plénitude. Je me gave de cette communion avec la montagne, comblé par la balade que je suis en train de terminer.

Je passe la ligne après 37 km, 2600 mètres de dénivelé et 10 h 30 d'effort, sous les applaudissements et avec un énorme sourire sur la figure. Vous allez trouver le temps de course très long, mais il est utile de préciser qu'une grande partie du parcours se déroule sur des sentiers cailloux ou des pierriers qui ne permettent pas de courir. Il s'agit d'un parcours peu roulant. Peu importe le temps pourvu qu'il y ait l'arrivée... Cette fois, c'est sûr, j'ai trouvé mon sport. Et je ne vais pas m'arrêter là.

«Seules les pensées qui nous viennent en marchant ont de la valeur», dit Nietzsche pour évoquer le vagabondage de l'esprit quand le corps est en mouvement. L'automatisme et la répétition des gestes nous amènent à pratiquer sans le savoir une forme d'auto-hypnose propice à la création intellectuelle et spirituelle. Notre cerveau est en quelque sorte libéré des parasites quotidiens et peut donner libre cours à nos idées. Ces réflexions occupent mes pensées en rentrant de la Course des Refuges. Je suis très fatigué par l'effort, mais en même temps très apaisé. J'ai pleinement conscience de me réaliser à travers la pratique de cette discipline et de nouvelles idées de courses se bousculent dans ma tête. Je me sens bien, heureux d'associer la pratique sportive et le bien-être de l'esprit.

La décision de m'inscrire au marathon du Mont-Blanc deviendra rapidement évidente. Courir un marathon; vieux rêve de nombreux pratiquants de la course à pied. La seule idée de réaliser ça sur du bitume m'a toujours éloigné du concept; mais le faire sur des sentiers de montagne donne une autre dimension au challenge. Quelques coups de fils et semaines plus tard, un groupe de sept potes s'est constitué, prêt à défier le monstre. L'inscription se fait en début d'année et les 2000 places s'arrachent en moins de deux jours, preuve de l'engouement naissant pour la discipline. Nous irons donc traîner nos chaussures de running sur les sentiers de Chamonix. La boucle est prometteuse : départ de Cham, Vallorcine, montée au col des Posettes, descente sur la vallée et remontée jusqu'à La Flégère, point d'arrivée du parcours. Le tout pour 42 km et quelque et 2500 mètres de dénivelé positif.

L'entraînement se déroule sans anicroche. Les sorties à plusieurs ou seul sur le piémont pyrénéen alternent avec les randonnées raquettes/snowboard en fonction de l'altitude de l'enneigement. Je suis particulièrement vigilant à l'hygiène de dos, échaudé par l'expérience de l'année précédente.

L'excitation liée à l'approche de l'évènement grandit rapidement. Participer à un marathon de ce calibre m'inquiète un peu. Peur de ne pas être à la hauteur, peur de l'abandon voire du ridicule, mais aussi rêves de réussite. Toujours cette dichotomie de sentiments qui nourrissent la motivation.

Le groupe est assez hétérogène : Philippe, Noël et Guillaume constituent a priori le trio de tête, Bruce et Patrice le gruppetto et Tom et moi les serre-files. Chacun a calculé son objectif temps, mais souhaite surtout terminer la course. Nous partons à sept dans la même voiture, un vieux Chrysler grinçant et avalons d'une traite les 800 bornes nous séparant de Cham. L'ambiance est excellente et la tension liée à l'imminence du départ s'estompe un peu. Nous arrivons en fin d'après-midi sous un soleil radieux qui illumine Sa Majesté encore bien habillée de son manteau d'hiver alors que nous sommes mi-juin. Mais a priori, pas de neige sur le parcours.

La répartition des chambres à l'Hôtel du clocher se fait dans la bonne humeur, chacun essayant de détecter les éventuels ronfleurs. Une grande assiette de pâtes dans une pizzeria de Cham accompagnée d'une bière, tout de même, et nous voilà au lit dans l'attente fébrile du lendemain.

C'est un grand soleil qui nous accueille sur la ligne de départ, noire de monde. La nuit a été courte pour la plupart d'entre nous. Il règne une agitation grandissante sur la place du Triangle de l'Amitié. Le Mont-Blanc est magnifique. Tout le monde a la banane. Philou et Noël arborent des chaussures assez spéciales, sorte de bubble-gum bicolores surdimensionnés, les faisant ressembler à des drag queen à la gay pride. Nous avons tort de nous gausser, car dans quelques mois, nous serons quasiment tous équipés de ces chaussures révolutionnaires. Ce nouveau concept, français, apporte un confort et un amorti inégalés, très appréciable pour des arthrosiques comme moi. Mais c'est néanmoins sans ces appendices que je m'apprête à prendre le départ de cette course déjà mythique malgré son jeune âge.

Le début est prudent. Je suis avec Tom en queue de peloton, laissant les potes plus aguerris accélérer. Il y a du monde et nous ne tardons pas à bouchonner un peu. Mais tout se décante petit à petit et je me régale du paysage en m'enfonçant dans le fond de la vallée. Les premiers contreforts mettent tout le monde au pas, régulant au passage le flux de coureurs. Il est en effet inutile, en dessous d'un certain niveau, de vouloir courir dans les montées comme on peut le faire à l'entraînement. La dépense énergétique est beaucoup plus importante pour un gain de vitesse négligeable. Mieux vaut adopter une marche rapide rythmée par l'usage des bâtons qui permet de ne pas s'asphyxier dès le début de la course. Il est d'ailleurs tout autant utile lorsque l'on prépare un trail de travailler la marche rapide que la course. Trop de débutants ont tendance à négliger cet aspect en voulant à tout prix privilégier la course ou le fractionné. C'est une erreur qui peut coûter cher.

En plongeant vers Vallorcine, je cours à côté d'un type assez âgé qui avance à reculons très régulièrement. Intrigué par l'affaire, je finis par lui en demander la raison.

— Ça me rappelle l'arrivée de l'UTMB® il y a cinq ans, me dit-il en souriant. C'est un tel souvenir que je veux à tout prix regarder ça. Et comme on s'en va dans l'autre sens, je cours à reculons !

Revoilà cet UTMB®. Je ne veux pas mentir en disant que je n'y ai pas pensé sur la ligne de départ qui est la même pour les deux courses. Les propos de ce sympathique bonhomme ravivent l'idée. Le fait d'être sur le site y contribue aussi beaucoup. Mais bon, avant de penser à l'UTMB®, on va déjà essayer de finir le marathon ; c'est quatre fois moins long…

Ayant remis les pieds sur terre, j'attaque la montée, raide, vers le col des Posettes. Tom est devant et je me mets dans ma bulle pour avaler les mille mètres de dénivelé. Tout d'abord dans la forêt puis sur une large piste forestière qui nous fait découvrir petit à petit l'immense panorama de la vallée de Chamonix. L'arrivée au col est tout simplement phénoménale. Sous un ciel limpide, le Mont-Blanc et ses voisins s'offrent à nous. La Verte, les Drus, les aiguilles de Chamonix, l'aiguille du Chardonnet, etc.

Je m'arrête quelques instants pour savourer. C'est juste beau, parfait. Merci d'être là.

La descente est technique et comme ce n'est pas mon fort, j'y vais tranquille. Je n'ai pas le gabarit d'un chamois et mon dos craint toujours les réceptions trop violentes. Alors je descends calmement, en levant la tête pour me goinfrer encore un peu du paysage. Il n'est pas facile de courir en regardant uniquement devant soi, surtout dans une descente pleine de cailloux, mais je vous invite à travailler la technique, car vous profiterez davantage de ce qui vous entoure. Probablement en perdant un peu de vitesse, mais en gagnant en plaisir. Il est dommage de courir en regardant ses pieds dans un environnement pareil. Personnellement, je garde cette technique pour la nuit, quand l'on doit plus écouter que voir.

Je me fais dépasser à plusieurs reprises, mais je reste sage, surtout après avoir vu un concurrent se tordre la cheville quelques mètres devant moi, ruinant ses espoirs de terminer la course. Un trail, même si celui-ci n'est pas un ultra, est long. Une seconde d'inattention peut avoir raison de tous vos espoirs. Il est important, dans les passages techniques, de rester concentré et de ne pas céder à l'euphorie, surtout si l'on se sent bien. La diversité des parcours fait qu'on aura le temps, à un moment ou à un autre, de se mettre en mode automatique pour relâcher l'attention sur une portion plus roulante et moins piégeuse.

C'est à mon rythme que j'arrive au bout de cette longue descente et que je franchis l'Arve pour m'arrêter quelques minutes au ravitaillement. Il commence à faire bien chaud et je sens poindre le coup de moins bien. Tout est OK sur le plan articulaire et musculaire (pas de crampes !), mais une grande fatigue commence à me recouvrir. Je croise Tom qui essaie aussi de se refaire une santé et nous décidons de poursuivre ensemble. Il reste mille mètres de montée pour une quinzaine de bornes ; on ne va rien lâcher.

Revigoré par la bouffe et le fait d'avoir retrouvé mon pote, j'attaque le dernier morceau avec un gros moral. On est à l'ombre, sur un chemin tapissé d'aiguilles de mélèzes et on regagne quelques places en doublant des concurrents moins frais que nous. Pourtant, la sensation de jambes de plomb me rattrape assez vite. J'ai l'impression de traîner des kilos supplémentaires – j'en ai déjà bien assez au naturel – et mon rythme diminue. Je fais signe à Tom de continuer sans moi et je m'arrête quelques instants pour souffler. Cinq minutes avant, tout allait bien et me voilà en train de coincer grave avec la désagréable sensation que je ne vais pas finir. La magie du trail, up and down dans le même kilomètre.

Je lève les yeux vers le dôme enneigé du Mont-Blanc pour y puiser de la force. C'est mon premier marathon, qui plus est en montagne. Je suis arrivé jusqu'au trentième kilomètre sans trop de soucis. C'est mon objectif sportif de l'année. Je ne dois pas renoncer. C'est écrit. Je repars…

En marchant pour commencer. J'essaie de caler ma respiration sur mes pas. Je ne me préoccupe plus des autres, je suis dans mon univers. Je sais que j'ai de la marge, une fois n'est pas coutume, avec les barrières horaires. Petit à petit, je sors de la forêt, découvrant à chaque virage le massif dans toute sa splendeur. Un hélico qui filme la course vient faire un peu de surplace autour de nous, immortalisant la longue et lente procession vers l'arrivée à La Flégère. L'univers devient minéral et la chaleur se fait de nouveau sentir. Je serre les dents.

Au détour d'une épingle, je visualise l'arrivée et entends la voix du speaker. Une bouffée d'émotion me submerge et j'accélère la cadence. Pour autant, la partie n'est pas gagnée. Le tracé n'en finit pas de contourner éperons et thalwegs, éloignant l'arrivée à chaque pas par une curieuse illusion d'optique. De nouveau, une forme de lassitude s'insinue en moi. Ça n'en finira donc jamais. Un sentiment de colère naît à cet instant, fruit de la longueur du tracé, de la chaleur et de ma propre inconsistance mentale. J'oublie la fatigue et je me tends vers l'objectif. La dernière montée dans les cailloux en plein soleil vire à l'épreuve de force. Mais je survis et vole vers l'arrivée. Plus que quelques dizaines de mètres et la délivrance sera là.

Je passe la ligne sous les applaudissements, exténué. Très vite, un cri de victoire sort de ma gorge sèche et des larmes chaudes se mettent à couler sur mes joues salées. Mon visage passe de la souffrance à l'extase. Je me noie avec délice dans la contemplation du Mont-Blanc, insensible au bruit de la foule qui m'entoure. Toutes mes douleurs musculaires ont disparu dans la seconde. Ne persiste que la joie intense d'être arrivé à boucler cette course, associé à la sensation d'avoir vaincu la malédiction du dos.

Un coup de fil à Béa pour un pur moment de partage, un coup de fil à Pascal qui sait d'où je viens et un texto à Pierre, mon chirurgien, pour lui indiquer qu'il peut proposer à ses patients opérés de hernies discales, la course en montagne comme rééducation.

C'est énormément bon d'écrire ce message. Une victoire sur la douleur, sur le découragement, sur le scepticisme et sur les idées préconçues. En redescendant sur Cham en téléphérique, je revis ces sept années depuis l'opération, savourant chaque minute de ce moment parfait. J'appelle aussi mes enfants qui commencent à s'intéresser à cette drôle d'activité que je pratique pour leur faire partager cet évènement.

Une bonne bière avec les autres puisque nous sommes tous finishers. Philou premier, Guillaume deuxième et ainsi de suite jusqu'à moi qui termine en 7 h 29, à la moitié du classement général. L'ambiance dans la bagnole au retour est festive malgré la fatigue. Nous avons décidé de rentrer le soir même pour raisons professionnelles. Ça discute beaucoup de course à pied et de performances. Quelqu'un lance le sujet de l'UTMB®, sur le mode : «ce n'est que quatre fois ce qu'on a fait aujourd'hui!» Je reste silencieux, n'osant pas donner mon point de vue qui me paraît prétentieux. Avec un temps de 7 h 30 sur un marathon, je me dois de rester humble. Mais je n'en pense pas moins.

En regardant s'éloigner le Mont-Blanc dans le soleil couchant, je sais au fond de moi-même que j'ai déjà pris ma décision. Je vais me fixer comme objectif de prendre un jour le départ de l'UTMB®. Ma quête du Graal est lancée. Elle va être magnifique.

La course aux points

Les premiers ultras
L'organisation de l'UTMB®, dès sa quatrième année d'existence, a été confrontée à une demande massive d'inscriptions. 722 coureurs inscrits au départ en 2003, 3354 demandes d'inscriptions pour 2500 au départ en 2006 et 5938 demandes pour 2500 au départ en 2015. Je ne suis pas là pour en étudier les causes, mais il est clair que la beauté du parcours et sa difficulté, associées à un lieu mythique comme Chamonix, ont permis le développement que l'on connaît aujourd'hui. M. et Mme Poletti et leurs associés, précurseurs et organisateurs de la course, ont eu l'intelligence de limiter très vite le nombre maximal de coureurs. Quand on connaît l'étroitesse de certains sentiers ou passages montagneux, il est judicieux de ne pas faire s'entasser des centaines de concurrents dans des bouchons dignes d'un départ en week-end parisien. D'autres ne l'ont manifestement pas compris ou voulu, mais nous en reparlerons plus tard. C'est aussi cela qui fait le succès de l'UTMB® et lui donne cette aura internationale. Le coureur se sent respecté comme la nature qui l'entoure. À quoi bon vouloir, pour des raisons purement lucratives, balancer 6000 coureurs sur un parcours où la sécurité et le plaisir de courir en montagne ne seraient pas respectés?

Toujours est-il qu'à l'automne 2010, quand Philippe, Guillaume et moi nous intéressons aux conditions d'inscriptions pour la course, nous découvrons qu'il nous faut valider un certain nombre de points (cinq pour une inscription en 2011) à réaliser en trois courses maximum. Le barème est approximativement le suivant : 1 point pour une course de moins de 50 km avec 2000 m de dénivelé, 2 points pour 70 km et 3000 m, 3 points pour 100 km et 4 ou 5000 m et 4 points pour les parcours supérieurs ou égaux à 120 km. Eh oui, on entre dans le vif du sujet et de suite, ça calme comme dirait la nouvelle génération. Genre on n'est pas en mode touriste sur ce coup-là.

La tâche ne s'annonce pas simple, mais comme il faut bien se lancer, en avril 2011, nous jetons notre dévolu sur le trail des Citadelles, en pays cathare. La boucle fait 73 km et 3300 mètres de dénivelé, visitant les châteaux mythiques de Montségur et Roquefixade, avec les Pyrénées en toile de fond, enfin quand la météo le permet. Car cette course a la réputation non usurpée d'être boueuse à souhait et en général bien arrosée à cette période de l'année.

Ne sachant pas trop ce que ça peut bien faire de courir plus de 70 bornes, j'essaie, dès l'automne 2010, de m'entraîner sur du long. Mais très vite, je m'aperçois qu'il n'est pas forcément utile de vouloir à tout prix reproduire la distance de course à l'entraînement. C'est même délétère pour les articulations et les muscles et totalement impossible pour des ultras supérieurs à 100 km. Il faut optimiser sa préparation. Il existe des dizaines de plans disponibles sur le web, mais seul le vôtre sera valable. Le corps humain est une machine unique et ce qui convient à votre pote ne vous correspond probablement pas. L'adaptation et la découverte du plan d'entraînement idoine sont longues, mais passionnantes.

Je pars dans l'inconnu, c'est certain, mais je suis habité d'une motivation énorme. Motivation qui baissera vite lors de la rencontre d'un type habitant Pau et ayant couru les Citadelles l'année précédente. Son avis gèle mon enthousiasme brutalement – il faut dire qu'il a couru les deux tiers du parcours sous la neige. Comme quoi, il n'est pas toujours bon de vouloir à tout prix savoir avant de se lancer... Même réflexion que pour l'entraînement ; une course qui vous plaît sera honnie par d'autres concurrents pour des raisons d'ailleurs parfaitement valables à leurs yeux.

Guillaume est de la partie et Béa et d'autres potes nous accompagnent pour courir également, mais sur des formats plus courts. C'est en effet une alternative intelligente de la part des organisateurs de multiplier les courses plutôt que d'augmenter le nombre de coureurs. Bien entendu, certains trouvent aussi intéressant de faire les deux.

Nous débarquons donc un week-end d'avril dans la charmante ville de Lavelanet, point de départ de la boucle ariégeoise. Et bien sûr, il pleut. Après une nuit pourrie dans un gite où deux Espagnols nous permettent d'assister à un remarquable concert de ronflements – à ce stade, c'est du professionnalisme – nous arrivons, Guillaume et moi, au point de départ frisquet et humide. Je ne vous cache pas que dans ces moments, je me demande pourquoi je n'ai pas choisi golf sur la Costa Brava, mais je vous rassure, ça ne dure pas longtemps. Et puis le golf, c'est surfait. Un rapide briefing pour nous dire que le terrain est gras et glissant et que la météo doit s'améliorer l'après-midi et nous voilà partis pour 73 bornes.

L'organisateur nous a menti sur les conditions. Le premier kilomètre n'est pas gras, mais c'est du bitume. Après, il s'est confessé. Je suis muni des fameuses chaussures over-size déjà décrites lors du marathon du Mont-Blanc. J'en suis ravi en termes d'amorti et de déroulé de la foulée, mais testées sur mes parcours d'entraînements qui ont le grand avantage d'avoir un fond dur. Là, je me retrouve dès les premières boues à essayer de diriger deux chamallows dans de la crème anglaise. Le plus comique se situant en descente où je glisse plus que je ne cours, parfois sur plusieurs mètres, heureusement sans spectateurs, c'est trop tôt, mais sans encombre majeur puisque j'arrive au premier ravitaillement plutôt frais. Je m'alimente avec du salé, cette leçon est bien appliquée maintenant, renonce à changer de chaussettes, car la boue a durci et m'empêche de les ôter et repars avec un bon moral coïncidant avec le lever du jour, je n'ai pas dit du soleil. Il fait frais, mais pas froid, une légère bruine fouette parfois, mais sans impact sur la chaleur corporelle. Le parcours est sympa, souvent en forêt, mais avec quelques passages de crêtes d'où l'on devine la silhouette des montagnes cachées dans les nuages.

Le deuxième ravitaillement se profile et j'ai une heure d'avance sur la barrière horaire. Nous attaquons la longue montée vers Montségur et son histoire. Le rythme est bon, je me sens bien. Je décide de manger au début de l'ascension pour faire le plein. Une idée géniale m'a permis de nous confectionner, Guillaume y a eu droit aussi, des sandwichs pain de mie-anchois. Ayant bien assimilé les vertus du sel, mais ayant parfois du mal à avaler de la fleur de sel nature, je me suis dit que les anchois amèneraient leur quantité de sodium et que le pain de mie ferait un adjuvant gustatif à l'ensemble. Grave erreur. L'adage qui veut que l'on teste les nouveautés à l'entraînement prend tout son sens ici. Persuadé de tenir LA recette du trailer, j'enfourne prestement le premier sandwich. Après l'euphorie des premières secondes, je suis rapidement assailli par le goût salé des anchois. C'est puissant... Je cherche alors à en recracher une partie, mais pendant ce laps de temps, le pain de mie s'est humidifié au contact de la salive et s'est collé aux gencives et au palais, refusant de sortir de ma cavité buccale. Les premiers morceaux d'anchois commencent à descendre dans mon œsophage, générant au passage de violentes brûlures. Je stoppe mon effort et essaie de boire pour faire passer le tout. Hélas, l'eau fait gonfler la mie, m'enduisant la bouche d'une pâte «prise rapide» qui m'oblige à respirer par le nez. Il n'y a heureusement personne au bord du chemin à cet instant, car je dois ressembler à un possédé essayant désespérément de cracher un démon. Au bout de quelques minutes et avec l'aide de mes doigts couverts de terre, je réussis à nettoyer ma cavité buccale de l'infamie et à reprendre une déglutition efficace. C'est ça la magie du trail... Avouez que ça vous fait rêver.

Après m'être débarrassé du reste de mon idée géniale, je reprends l'ascension vers Montségur. La visibilité s'améliore quelque peu et nous permet de découvrir une bonne partie du paysage depuis le château en ruines. C'est vaste et splendide. La descente dans les bois sur un tapis de feuilles entrecoupé de mares de boues devient même ludique et je me surprends à jouer avec le relief, un grand sourire aux lèvres. Je finis évidemment par me vautrer dans une belle glissade, permettant d'uniformiser ma tenue «haut et bas» d'un marron verdâtre relativement amincissant.

Le sourire disparaît franchement à l'attaque de la montée à Roque-fixade qui se fait «dré dans le pentu». Un bon moyen de défense pour les cathares. Leurs ennemis devaient être moins motivés pour en découdre une fois arrivés en haut, ce qui est d'ailleurs mon cas. Je prends cinq minutes pour souffler et en profite pour contempler le chemin parcouru. La silhouette de Montségur se découpe au loin, permettant d'estimer la distance qui sépare les deux places fortes. La sensation d'avoir fait ça à pied est grisante et euphorisante. C'est un vrai voyage, une forme d'aventure.

Je repars tout ragaillardi. Il me reste environ 15 bornes et une grosse bosse. Le ciel se dégage lentement. Je n'ai pas de soucis musculaires, tendineux ou articulaires, tout au plus quelques douleurs aux pieds et aux quadriceps. Bref, tout roule. Je suis presque surpris par cet état de fait, mais ravi de sentir que la ligne d'arrivée se rapproche dans ces conditions.

Et pourtant, une fois encore, je vais me mordre les doigts de m'être cru arrivé avant d'avoir passé la ligne. L'attaque de la dernière ascension s'avère très difficile et mes cuisses, si dynamiques quelques minutes auparavant, entament un mouvement de grève sans préavis. Il ne s'agit pas de crampes cette fois, mais bien d'une sensation de jambes de plomb couplée à une fatigue intense. Et c'est tout de suite moins facile d'avancer avec les deux pieds coulés dans le béton. Toujours ce fameux « up and down » dont on ne se rappelle que lorsqu'il apparaît et qu'on oublie immédiatement dès que tout va mieux. Apprendre et réapprendre, éternel recommencement. Pourtant cette fois, c'est sûr, je ne me ferai plus avoir... jusqu'à la prochaine.

Je serre les dents, me mets en mode survie, mentalise l'arrivée et essaie de goûter à crédit au bonheur que je ressentirai en franchissant la ligne, tout ça pour faire passer ce moment de moins bien. C'est une succession de petits moyens qui me permettent d'avancer et de franchir la dernière difficulté. S'ensuivent quelques kilomètres de faux plat descendant, mais non roulant, car sur un terrain de lapiaz juste destiné à se faire une cheville avant de rentrer. Je me concentre au maximum malgré la fatigue, persuadé que ma course se joue dans ce terrain piégeux. Ne pas se blesser, ne pas se blesser, ne pas se blesser... On dirait du Laporte dans un vestiaire de France-Angleterre.

Tout à coup, dans un courant d'air, la voix du speaker se fait entendre à l'arrivée. Le chemin descend brutalement et la ville apparaît au travers des arbres. Une bouffée de joie m'envahit.

J'assure les derniers hectomètres très raides en m'accrochant aux arbustes, voire en glissant sur les fesses. Un peu de boue en plus ou en moins, peu m'importe. L'esthétique n'est pas ma préoccupation première à cet instant. Me voilà dans la ville et je sprinte pour passer la ligne en 12 h 59, soit avec une 1 h 30 d'avance sur la barrière horaire. Béa est là, Guillaume, brillant finisher et Hélène aussi. Les larmes montent et coulent quelques minutes. Je m'isole, en proie à un maelström de sentiments très intenses. Je n'ai plus mal nulle part, je suis bien, je pleure, je souris… C'est magique. 73 bornes…

J'ai la même moyenne que pour le marathon du Mont-Blanc, ce qui me va parfaitement. Un peu plus de 5 km/h. Ridicule, me direz-vous, comparé aux 10 km/h d'un coureur moyen de marathon. Rajoutez les 3000 et quelque mètres de dénivelé, la boue, les sentiers techniques, les pierriers et vous aurez pour le premier une moyenne de 10 km/h, en sachant qu'il s'agit d'un pro. Le trail est aussi l'éloge de la lenteur. Sylvain Tesson, encore lui, le paraphrase de belle manière : « Aller loin, ce n'est pas aller vite, c'est aller longtemps avec la détermination de David devant le Goliath des immensités ».

Après une longue accolade avec ma chérie et encore des larmes, une bonne douche froide dans les vestiaires du club de rugby local et quelques kilomètres en voiture cette fois-ci, nous nous retrouvons à Castelnaudary pour déguster un cassoulet bien mérité. La récompense suprême.

***

Deux points dans l'escarcelle ; voilà ce que m'a rapporté le trail des Citadelles. Alors pour rester dans le médiéval, on va tester les Templiers. Comme je l'ai relaté auparavant, il s'agit de la plus ancienne et prestigieuse course nature de l'hexagone. Réputation malheureusement grandement usurpée, comme nous allons le voir.

Guillaume, Philippe et moi décidons de nous inscrire pour l'édition 2011. Une veille internet est nécessaire le jour de l'inscription, car les places partent plus vite que pour un concert des Rolling Stones. Nous réussissons finalement à décrocher le sésame et nos compagnes, comme pour les Citadelles, décident de participer aux 20 km. Notre choix s'est porté sur les 73 km, avec 3600 mètres de dénivelé. 2 points de récompense en prévision si tout va bien.

L'arrivée sur Millau est magnifique, entre le viaduc et le Causse. Pourtant, très vite, nous sommes impressionnés par le monde présent sur le site. Pas moins de sept courses se déroulent sur le week-end et nous sommes plus de 3000 participants sur la grande course des Templiers. Le contraste est saisissant avec l'épreuve ariégeoise.

Les filles inaugurent le samedi avec leurs parcours de 20 km qui vient se terminer en même temps que le marathon. Eh oui, les jours sont trop courts. Cela donne lieu à une jolie pagaille à l'arrivée et n'augure rien de bon pour le lendemain. Le parcours semble tout de même sympa et nous félicitons chaleureusement nos compagnes bientôt supportrices.

Après une courte nuit, nous rejoignons, ou plutôt essayons, la zone de départ. L'affluence est colossale. Il fait froid, mais il ne pleut pas. Il nous faut plusieurs minutes pour passer la ligne et nous démarrons au petit trot. Hélas, quelques kilomètres après, le premier bouchon apparaît. Il est effectivement difficile de fluidifier le passage de plus de 3000 coureurs quand la piste se rétrécit. J'essaie de faire abstraction de tout ça et me concentre sur ma course. Passée la première bosse, nous cheminons sur les hauteurs du Causse au jour levant. Nous ne verrons pas le soleil, mais nous ne sommes pas dans le brouillard pour autant. La piste est roulante, hormis le monde et le paysage alentour plutôt sympa.

Je scrute mon GPS, soucieux de ne pas voir arriver le premier ravitaillement. C'est une grande source de frustration sur les ultras de ne pas concorder avec les distances données par l'organisation. Vous prévoyez une heure de passage qui se rallonge de plus en plus au gré des erreurs de mesures ; erreurs qui proviennent souvent de votre propre matériel, l'organisation ayant fait une moyenne de plusieurs distances mesurées pour donner un road-book le plus précis possible.

Enfin, après trente minutes d'attente, le premier ravitaillement se profile au fond d'un vallon. Je suis en retard donc ne m'attarde pas. Mais quelques kilomètres plus loin, la piste laisse la place à un monotrace très raide qui stoppe immédiatement le flot de coureurs. Nous resterons vingt minutes totalement immobiles, sans pouvoir avancer ni reculer et sans aucune possibilité d'échappatoire. Voilà le résultat d'une course sans fin à l'argent, basée sur une inflation du nombre d'inscrits au détriment du plaisir de l'épreuve. Dès lors, je n'aurai d'autre but que de finir au plus vite cette épreuve sans intérêt. Une clameur de déception nous apprendra la défaite de l'équipe de France de rugby en finale de la coupe du monde devant les All Blacks (9 à 8), ajoutant un peu plus au tableau global.

Il y aura encore trois ralentissements importants, dont un à cinq kilomètres de l'arrivée pour la traversée d'une grotte. Un passage à gué sur des canoës attachés les uns aux autres manquera de peu de m'envoyer à la baille. Bref, une course à oublier.

Une anecdote pourtant donnera de l'importance à l'évènement. Douze kilomètres avant d'arriver, les organisateurs nous détournent du parcours initial au motif qu'il reste trop de monde en course et que la météo se dégrade. Je ressens à cet instant un profond abattement, doublé d'une grande fatigue. Les jambes font mal, le moral dégringole et je me traîne péniblement jusqu'au dernier ravito. Et là, pour couronner le tout, impossible d'avoir accès au buffet à cause de l'affluence. Soucieuse de jouer la carte culturelle, l'organisation a installé les victuailles dans une salle en pierre exiguë dans laquelle il est impossible de pénétrer tant elle est pleine de coureurs.

La colère me prend et j'évite la zone de ravitaillement en insultant copieusement la terre entière. J'appelle Béa pour lui faire part de ma frustration et chercher quelques encouragements. Je lui décris la situation et mes sentiments vis-à-vis de l'organisation. La colère ne retombe pas et je me mets à courir de plus en plus vite pour abréger cet enfer. C'est à cet instant que je m'aperçois que je n'ai plus aucune douleur musculaire. La montée d'adrénaline générée par le sentiment d'agacement a effacé toute trace de fatigue. Je cours à nouveau sans effort, comme régénéré par un fluide énergétique.

Je finis la course sans joie démesurée, mais satisfait d'empocher les deux points correspondants. Cet épisode de colère me servira à de nombreuses reprises pour rebondir dans les moments difficiles, souvent au détriment des organisateurs – je m'en excuse – et montre une fois de plus l'importance de l'esprit sur le corps.

Tout le monde a fini, Philippe dans un temps canon. Les trois premiers repartiront avec de l'argent et nous avec deux points et un t-shirt finisher. Je pense que cette course est l'exemple de ce qu'il ne faut pas faire. Cette opinion n'engage que moi et ne se veut en aucun cas un jugement général. Le parcours est magnifique, comme les bénévoles, mais dans ce cas, l'abondance de participants nuit. J'espère sincèrement que le trail n'évoluera pas dans cette direction lucrative, et que nous pourrons encore courir longtemps sur les chemins sans nous piétiner pour gagner trois sous à l'arrivée.

Le mur du cent

J'ai quatre points en poche sur une année. Il ne m'en reste en théorie qu'un seul à obtenir pour pouvoir prétendre à l'inscription à l'UTMB®, mais je décide de passer un cap en m'inscrivant sur un 120 km. Les points sont un aspect du défi, mais la course et ses 170 km en sont un autre. Il paraît illusoire et prétentieux de prendre le départ du tour du Mont-Blanc sans jamais avoir couru plus de 100 bornes.

Le trio infernal se reforme et Guillaume, Philou et moi jetons notre dévolu sur la 6666 organisée par Antoine Guillon. 120 km donc et 6666 mètres de D+ comme indiqué dans le titre. On entre dans la quatrième dimension, celle des courses à quatre points. Un voyage dans la région du Caroux, au nord de Béziers, prévu pour le mois de juin.

Je suis heureux de cette inscription en ce début d'année 2012, mais en même temps un peu inquiet. Depuis quelques semaines, après un entraînement un peu intensif avec Guillaume dans le Val d'Aran, en Espagne, je recommence à souffrir de la région lombaire. Rien à voir avec une sciatique cette fois-ci. Il s'agit plutôt d'une brûlure qui devient permanente au fil du temps et qui s'accroît lors de la course. Négligeant les symptômes et rassuré par l'absence de signe neurologique, j'essaie de passer outre, mais je dois rapidement me rendre à l'évidence : je ne peux pas courir plus d'une heure d'affilée sans être obligé de m'arrêter. Je ne vous cache pas que sur ce coup-là, je me sens vraiment abattu. J'ai 42 ans et j'ai le sentiment d'être rattrapé par mon âge et mes antécédents. J'ai voulu fanfaronner avec cet UTMB® qui n'est manifestement plus du ressort de ma pauvre colonne vertébrale. Quelques potes s'empressent de me conseiller des sports en décharge, tels le vélo ou la natation, m'expliquant qu'il n'est pas raisonnable dans ces conditions de continuer à s'aligner sur des épreuves longues de course à pied.

Je rumine, tourne en rond et comme souvent demande conseil à Béa. Je sais que j'aurai une vraie réponse à la question et que nous pourrons réfléchir ensemble à la solution. La première idée consiste à refaire une imagerie par IRM. Résultat : arthrose majeure, mais aucune hernie. Je subis une inflammation cognée de toute la région lombaire qui s'aggrave quand je cours. Mais pourquoi maintenant alors que tout semblait rentrer dans l'ordre ? La réponse viendra une nouvelle fois du podologue. Comblé par le résultat des semelles, j'ai juste oublié de les faire renouveler. Et comme mon dos, elles se sont usées. J'ai donc involontairement recréé le déséquilibre du bassin qui s'est soldé cette fois par une poussée inflammatoire. C'est si simple...

Maître Pilloy me confectionne à nouveau les appendices correcteurs et me voilà reparti. Mais le hic avec une poussée inflammatoire, c'est que ça ne passe pas à la seconde. Et la 6666 approche. Tout le monde, sauf Béa et moi, pense que c'est une folie. Il est vrai que mon entraînement est famélique. Je décide donc de me mettre au vélo d'appartement dans l'espoir de maintenir un état d'endurance suffisant. Je m'envoie de bonnes séances de cardio qui me laissent asphyxié sur la bécane. Je sais, on est loin de la course nature avec toute sa belle philosophie, mais il y a des impératifs. Et je veux prendre le départ de cette course. Vous trouvez sûrement que cet entêtement confine à la stupidité. Il y a tant d'autres choses à faire dans une vie. Mais il faut comprendre qu'au-delà de la course à pied, je me suis inscrit dans un processus de reconstruction doublé d'un objectif sportif hors du commun avec l'idée d'obtenir la victoire sur la « maladie » et de prouver, aux autres et à moi-même, que l'on peut faire beaucoup avec la volonté. Je ne suis pas le seul à penser cela. Albert Bosh, aventurier espagnol ayant atteint le Pôle Sud seul et en totale autonomie, écrit ceci : « Il est toujours possible de tracer sa route sans autre limite que celle de notre volonté. » Merci au passage à Hélène et Paul de m'avoir fait découvrir ce récit. Il est donc licite d'employer tous les moyens pour arriver à ses fins. Et que pèsent 170 km devant une volonté ?

Finalement, entre vélo, étirement, footing léger et méthode Coué, j'arrive avec Guillaume et Philou dans le charmant petit village de Roquebrun, au début d'un mois de juin déjà bien chaud et lumineux. Le simple fait d'être là est déjà une petite victoire pour laquelle j'aurais signé trois mois avant. Ceci étant acquis, essayons d'aller chercher plus.

Nous sommes logés dans un petit gîte mignon, bercé par le chant des cigales et les senteurs de la garrigue. Le départ étant fixé à minuit, on a tout le temps de peaufiner notre préparation. Seul regret, les gars n'ont pas voulu prendre un cassoulet lors de l'étape à Castelnaudary. J'espère que cette imprudence ne nous coûtera pas trop cher. Un cassoulet, me dites-vous, et pourquoi pas une choucroute ? Parce que le chou est indigeste à la différence des haricots et du porc. J'adore cette mauvaise foi. Le cassoulet est un plat complet avec viande, gras et féculent. Un ultra n'est pas un sprint et requiert des réserves, en témoigne la charcuterie et le fromage présents sur de nombreux ravitaillements. Mais le cassoulet est aussi un aliment plaisir, tout du moins pour moi. Et je passe ma vie à essayer de prendre du plaisir partout où je me trouve. Alors oui, ce n'est pas diététique ni recommandé dans les manuels de course à pied, mais qu'est-ce que c'est bon de se faire plaisir avant une course plutôt que jouer l'ascète. Et comme le mental intervient à 80 % dans un ultra... Bon, et puis c'est aussi un peu pour la provoc... Esprit trail, quoi !

Bref, après cette parenthèse culinaire, revenons à la préparation. On commence par les pieds avec le crémage en règle pour éviter ou retarder les échauffements, puis l'habit de lumière composé d'un short ou d'un cuissard, d'un haut manches courtes ou longues en fonction des conditions météo et d'une casquette. Le sac, ensuite, primordial, qui est maintenant une sorte de gilet plein de poches empêchant les mouvements de ballotage incessants, avec les réserves alimentaires, sans les anchois, l'eau, le matériel obligatoire, les lampes frontales, le GPS, le téléphone, etc. Ne croyez pas qu'on parte léger, on transporte, selon la distance, entre deux et quatre kilos sur le dos. Enfin, les chaussures, les bâtons et ma spéciale sur cette épreuve, une ceinture lombaire améliorée par Béa avec ajout d'un tissu respirant. Le top.

Un court aparté pour parler du matériel. L'évolution des produits et leur prix ont connu une ascension fulgurante au cours des dernières années. Les fabricants ont vite compris l'engouement naissant pour la discipline et ont rivalisé d'imagination pour proposer des articles toujours plus légers, performants et chers. Les chaussures ont connu des modifications très importantes, qu'il s'agisse des « over-size » ou au contraire des minimalistes, les textiles sont respirants, déperlants, imperméables, Gore-Tex et hors de prix, les accessoires comme les montres GPS des concentrés de technologies que ne renieraient pas des astronautes, bref, une course à l'armement, mais surtout une fuite sans fin dans le porte-monnaie des pratiquants. C'est la dure loi du sport, amateur...

Mais revenons à la 6666. Une courte sieste, la photo des trois trailers, le bisou et direction le départ à 30 km de là, dans le hameau de Vaillan. La nuit est magnifique, étoilée à souhait. Nous sommes un peu plus de 300 sur la place du village. Antoine Guillon nous raconte le parcours, à son allure et nous laisse calculer nos temps de passage. Le gros morceau est la montée au Caroux, mais le reste n'a rien d'une promenade le long du canal du Midi. La barrière horaire est fixée à 32 heures. Je suis impatient d'en découdre et de voir si le dos tient.

À minuit pile, le peloton s'ébroue et se disperse dans la nuit languedocienne. Très vite, vu le petit nombre de candidats, je me retrouve isolé. J'ai pris un départ très prudent, confirmé par un relief qui s'accentue très vite. J'aime cette ambiance de course nocturne, où les sens s'aiguisent dans le silence et où les ombres deviennent fantasmagoriques. L'imagination s'active en cherchant à percer l'obscurité. Les senteurs de garrigue, mélange de thym, de romarin et d'une multitude de plantes aromatiques adoucissent les perceptions et me font voyager dans un univers olfactif. Nous ne sommes plus habitués à évoluer de nuit dans la nature et j'ai toujours le sentiment de partir un peu à l'aventure, comme un gamin.

Une succession de montées raides nous amènent sur des crêtes dominant le bassin de Béziers. Une guirlande lumineuse éclaire l'horizon, marquant la limite entre terre et mer. C'est somptueux. Les sentiers sont assez techniques et requièrent une certaine vigilance, mais je ralentis souvent pour préserver ma colonne vertébrale et profiter du silence et de la lumière nocturne. Nous arrivons tranquillement au village de Faugères et son moulin surplombant, siège du premier ravitaillement. Je me sens bien, sans douleur particulière et je prends quelques minutes pour boire et manger. La suite s'annonce plus corsée.

Assez vite, nous gravissons le pic de la Coquillade avant de replonger brutalement dans un vallon et remonter ensuite une longue crête en forêt qui doit nous amener sur les hauteurs de Lamalou-les-Bains. Les premières lueurs du levant apparaissent à l'est, réveillant ma vue endormie dans le faisceau de la frontale. Une fraîcheur matinale me fait frissonner et sonne comme un réveil corporel pour me tirer de la torpeur de la nuit.

C'est en descendant vers Lamalou que je commence à ressentir une gêne à l'extérieur du genou gauche. Je n'y prête pas attention au début, continuant à trottiner dans la descente en regardant le soleil éclairer les alentours. Pourtant, quelques kilomètres avant d'arriver au village, je m'arrête une première fois pour essayer d'étirer ma jambe. Une douleur exquise s'est localisée au niveau de la tête de mon péroné. J'en fais rapidement le diagnostic : tendinite du facia lata ou syndrome de l'essuie-glace. Il s'agit de l'inflammation d'une bandelette tendineuse située à l'extérieur du genou qui frotte sur le condyle externe du fémur à chaque mouvement de flexion/extension de la jambe, entraînant le syndrome douloureux.

Allons bon! Moi qui craignais pour mon dos, me voilà avec un pépin au genou. Fichues articulations, toutes plus usées les unes que les autres. Je suis au kilomètre 37, il en reste donc 83 ; ça va être long... Je me confectionne une sorte de strapping et décide de continuer tant que la douleur n'est pas insupportable. Je ne veux rien lâcher. La douleur est une composante inévitable des longues courses. Qu'elle soit musculaire, articulaire ou ligamentaire, elle survient forcément à un moment de la course et s'invite souvent pour une longue durée. Il faut apprendre à la maitriser, voire à l'apprivoiser. Nous ne sommes pas masochistes, nous composons simplement avec un phénomène physiologique inévitable. Comme dit Albert Bosh, encore lui : « La douleur est inévitable, mais la souffrance est en option. »

Je passe le ravito de Lamalou, préviens Béa de mon état, prends des nouvelles de Philou et Guillaume qui galopent loin devant et attaque la partie la plus ardue du parcours. Au début, je trouve un mouvement de poser du pied qui semble diminuer les élancements douloureux et bascule à Madale dans le même état. La descente sur Colombières vient pourtant sonner le glas de mes espoirs. C'est bien la montée et non la façon de poser mon pied qui soulageait un tant soit peu la douleur. Mais la prise d'appuis plus francs en descente ravive l'inflammation et éteint un peu plus mon moral. Il commence à faire bien chaud, on n'est pas dans le sud pour rien et je me dis que ça ne va pas être une partie de rigolade. C'est en clopinant sur les marches naturelles en pierre de la fin de la descente que je retrouve Béa, montée à ma rencontre. Quel effet sur ma motivation! Immédiatement, le sourire revient et je me sens revigoré. C'est décidé, je continue. Qu'elle est importante ma compagne dans ces moments de doute.

La suite, c'est le Caroux, massif calcaire culminant à 1100 mètres d'altitude et offrant un panorama immense jusqu'à la mer. La montée se fait au départ à l'ombre, en longeant une rivière cascadant entre baignoire et défilés et appelant à la baignade toutes les cinq minutes.

Il fait très chaud et pas le moindre souffle d'air pour rafraîchir l'atmosphère. La douleur revient à la charge, probablement liée aussi à un état de déshydratation qui s'installe doucement. Je stoppe aux deux tiers de la montée, au niveau d'un point d'eau et demande son avis à un organisateur. Il m'annonce une descente longue et caillouteuse jusqu'à Mons. J'hésite un moment, mais dans les deux cas, je dois redescendre alors autant aller visiter le haut du Caroux avant.

Je finis par venir à bout de l'ascension et profite d'un court répit sur le plateau sommital. La vue est époustouflante et l'on aperçoit la Méditerranée briller de mille feux sous le soleil rayonnant de juin. Je suis content d'être arrivé jusque-là malgré la douleur et je suis quasiment à la mi-course. L'espoir renaît. Les barrières horaires sont très larges et je pense pouvoir continuer à ce rythme. J'aborde la descente prudemment, m'aidant au maximum des bâtons et profitant d'une certaine fraîcheur en pénétrant dans les sous-bois. J'arrive à Mons en milieu d'après-midi, fatigué, mais encore capable d'avancer. Le dos va bien et ne me cause aucun souci. S'il n'y avait pas ce genou, ce serait parfait. Je m'octroie une longue pause avec hydratation, massage, change et étirements. Béa me dorlote, m'aidant même à enlever mes chaussettes, ce qui n'est pas une mince affaire. J'ai les pieds dans un sale état avec quelques ampoules bien placées, probablement dues aux appuis changeants imposés par mon genou douloureux. Un peu d'éosine, une couche de crème et de nouvelles chaussettes me redonnent une jeunesse, tout du moins podale.

Le départ est difficile, car mon tendon s'est refroidi et couine au redémarrage. Je sais que j'aborde une très longue montée avec 1200 mètres de dénivelé, sur un terrain rocailleux et technique. Je me projette des images positives et essaie de me caler sur une cadence de marche rapide en poussant sur les bâtons pour soulager mes membres inférieurs. En milieu d'ascension, la douleur revient, plus forte. Je sais que je n'aurai plus de répit. Pour accompagner cet état de fait, Béa m'apprend que Philou vient d'abandonner à Olargues, victime de déshydratation. Cette info me casse un peu plus les pattes. Il s'agit certes d'un sport individuel, mais notre trio compte autant que nos performances personnelles et je me désole de l'abandon de mon pote. Guillaume continue a priori.

Je m'arrête quelques instants pour essayer de voir plus loin ce qui m'attend. Ça monte toujours et ça n'en finit pas. Allez, ne rien lâcher et continuer. De toute façon, c'est comme tout à l'heure, je suis trop avancé pour redescendre alors autant continuer, c'est toujours une découverte. Et quelle découverte : un court passage d'escalade certes très facile, mais après 85 bornes et avec un genou en papier crépon, c'est tout de suite moins évident. Je me mets donc à pester contre l'organisation et crie ma colère à la nature silencieuse qui me regarde passer en rigolant. Comme pour les Templiers, la sécrétion *d'adrénaline colérisée* me donne un coup de fouet et me permet de venir à bout de la terrible ascension. Même la douleur semble s'estomper. Je profite d'un virage à découvert pour voir Olargues en contrebas, lieu du prochain ravitaillement. Le jour décline doucement et m'amène vers la deuxième nuit.

Les bienfaits du moment d'énervement commencent pourtant à s'estomper. Je me sens envahi d'une intense fatigue et gagné par une forme de léthargie. Le genou se réveille au fur et à mesure que je m'endors. C'est un chef indien fumant le calumet de la paix au milieu du sentier qui me tire de ma torpeur. Un chef indien, quoi de plus normal en 2012 en plein cœur de l'Hérault. J'avance donc vers lui en clopinant pour m'apercevoir qu'il s'agit d'un banal rocher de forme triangulaire barrant le chemin. Je le touche et m'assois à ses côtés pour souffler. Pour la première fois, je viens d'être victime d'une hallucination ou plutôt d'une distorsion de la réalité. J'en avais déjà entendu parler, mais je pensais qu'il s'agissait d'une manière exagérée de raconter un récit. Eh bien je peux vous dire que ça calme. Il me faut plusieurs minutes pour reprendre le cours de mes idées. En fait, je suis tout simplement épuisé. La nuit tombe, m'enveloppant dans un état second où imagination et réalité se confondent.

Je décide de me relever pour avancer un peu, aller au moins jusqu'au ravitaillement. Un éclair de douleur strie mon genou au premier pas, me permettant de reprendre pied dans la réalité, mais augurant également d'un calvaire à venir. Plus question de courir, c'est devenu impossible. Je me sers de mon bâton comme une béquille et avance tel un paralytique.

Je suis persuadé d'arriver à une piste en pierre blanche qui doit m'amener au village. À chaque virage, je crois l'apercevoir, mais quelques mètres après, elle disparait. Le mirage se reproduit, me laissant un peu plus épuisé à chaque fois. Combien de temps va durer ce supplice chinois? Au bout d'un temps infini, le sentier débouche sur une esplanade d'où part, effectivement, une piste en pierre blanche. Je me laisse tomber sur l'herbe, soulagé d'être arrivé et décide de m'accorder un peu de repos. Je n'ai pas compris comment le mirage est devenu réalité, car c'est la première fois de ma vie que je passe en ce lieu. De toute façon, je suis trop crevé pour analyser quoi que ce soit.

J'ai dû m'endormir, car une voix me tire du sommeil en m'incitant à me relever. J'ouvre les yeux et aperçois un bonhomme avec une casquette sur la tête et des bâtons à la main. Je suis à la fois surpris et heureux; je n'ai pas vu âme qui vive depuis plusieurs heures. Le type m'explique qu'il faut continuer, non pas par la belle piste, mais par un petit sentier caillouteux qui plonge dans un ravin. Un découragement infini m'envahit. Je remercie mon compagnon d'infortune et le rassure sur mon état puis j'appelle Béa. Je lui explique mon état de décrépitude et lui signale mon envie de dormir quelques heures sur place. Sentant que mes propos sont assez incohérents, elle décide de monter me chercher avec Philou qui s'est refait la cerise entre-temps. Elle m'oblige à me relever et à continuer la descente. J'ai tellement envie de rester allongé là, sans bouger, que c'est une torture de se remettre debout.

Il fait nuit noire maintenant. Le monotrace qui serpente entre les arbres est peuplé de cailloux et de racines. J'avance tel un zombie, incapable d'enchaîner trois pas de suite sans faire une pause à cause de la douleur. Je crois voir Béa vingt fois, mais dès qu'elle s'approche, elle se transforme en arbre ou en taillis. Je vogue dans un univers fantasmagorique, à la lumière de ma frontale, entre rêve et réalité.

Enfin, elle apparaît au détour du chemin. C'est bien elle, cette fois. La voir et la serrer dans mes bras me fait reprendre contact avec le réel. L'association fatigue, déshydratation, douleur, solitude et nuit m'a effectivement amené dans une dimension parallèle qui s'étiole au fur et à mesure que je lui parle. C'est bon de reprendre pied dans la vraie vie.

Clopinant tant bien que mal, je la suis doucement et aperçois les lumières du village. Philou arrive à notre rencontre, tout heureux de me retrouver. Nous finissons la descente tranquillement et retrouvons la voiture dans laquelle je me laisse tomber, incapable de faire un pas de plus. L'espace d'un instant, je savoure la position assise, même si la déception de l'abandon prend vite le dessus. Je défais mon dossard avec tristesse, ayant l'impression d'enlever une petite partie de moi-même.

Et Guillaume dans tout ça ? Il est arrivé à 15 km du but, au dernier ravitaillement. Il a pensé abandonner également, mais Hélène lui a raconté que nous étions toujours en course. Il est donc reparti, persuadé que nous finirions tous les trois. D'où une certaine surprise quand il nous aperçoit sur la ligne d'arrivée à Roquebrun, 24 heures après être parti. Chapeau bas, monsieur. Vous venez de réaliser une énorme performance. Il nous avoue tout de même qu'il n'aurait pas continué s'il avait su que nous avions abandonné. Esprit d'équipe et esprit trail ; les deux font la paire.

Le lendemain matin, après une courte nuit, il me faut une demi-heure pour sortir du lit. Je suis une courbature géante et mes pieds sont transformés en volcan. Mon genou me fait moins souffrir, mais c'est normal, car je ne peux plus le plier. Et pour parachever l'affaire, il pleut. J'ai mal au corps et à l'âme et l'ambiance au café est tristounette.

À part Guillaume, nous avons, Philippe et moi, pris le mur du cent en pleine gueule. Eh oui, la marche était trop haute entre 70 et 120 bornes. Je n'aime pas perdre, mais j'aime encore moins abandonner un projet. Assez vite, j'essaie d'analyser les causes de mon échec. Il est probable que ma tendinite soit liée à la pratique intensive du vélo d'appartement dans les semaines précédant la course. Mon dos, par contre, s'est bien comporté, ce qui est le plus important. Il faut également revoir l'alimentation et l'hydratation, car des efforts de plus de

24 heures n'ont rien de commun dans la gestion de l'énergie disponible avec des courses moitié moins longues. Enfin, dans la préparation mentale de l'effort, ma grosse erreur a été de visualiser la course dans son ensemble. Cela m'apparaît comme une évidence ce matin-là ; il est impératif de découper le parcours en tronçons de 10 ou 20 kilomètres et de se projeter uniquement sur ces courtes distances. Une fois que l'on a terminé le premier, on peut passer au suivant et ainsi de suite. Cette vérité sera probablement la plus grande découverte de mon histoire de trailer et me permettra de m'attaquer à des objectifs plus importants.

Vous voyez, il ne m'a pas fallu longtemps pour reprendre le dessus. Ce qui ne te tue pas te rend plus fort. Pendant le trajet du retour, alors que le soleil est revenu, je me projette sur la suite. Je dois me trouver une autre course longue pour rebondir. Je vais prendre trois semaines pour réparer la mécanique et l'enveloppe, mais après je m'y remets, en adaptant mes nouvelles idées au programme d'entraînement. Il est fréquent de dire qu'on apprend de ses échecs, mais c'est particulièrement vrai sur cette course. Et puis j'ai tout de même couru 86 km, dont 50 avec une tendinite…

Il me faudra un bon mois pour me retaper. J'ai puisé dans mes réserves – je sais, il y a de la marge –, mais je traîne une fatigue intense les premiers jours. La tendinite s'efface peu à peu et des vacances en Algarve avec Béa et mes enfants finissent de me restaurer. Rien de tel que du bon vin et de la cuisine méditerranéenne. Eh oui, c'est aussi une des raisons qui me fait courir. À 42 ans, vu mon amour pour la bonne chère et les tanins, il est préférable que j'ai une certaine activité physique. Comme dit Philou : sans sport, je serais obèse. Le trail me permet un entretien régulier, doublé d'objectifs qui rendent cet entretien moins fastidieux. La récompense après l'effort, en quelque sorte. Mais point de privation dans mon régime qui n'en est pas un. Je mange de tout, de manière assez équilibrée et sans excès notable, sauf les soirs de bringue. J'aime bien partager une bonne bouteille, surtout si c'est un vin espagnol ou du Languedoc et je ne me prive pas pour une performance. Sur une course, mon objectif est avant tout de la terminer. C'est pour ça que je ne cours pas des semi-marathons pour faire un temps. Mais j'ai aussi compris que les crampes pouvaient survenir, certes à cause du manque de sel, mais aussi du fait d'excès de spiritueux avant une course. On s'adapte et on apprend toujours.

**

C'est en rentrant du Portugal que je me cherche un nouvel objectif. J'épluche la liste des courses qualificatives pour l'UTMB® et tombe sur un ultra en Espagne et plus précisément en Sierra de Guara, au mois d'octobre. Cette région au sud des Pyrénées, à proximité de Huesca, est réputée pour ses canyons ludiques et ses sites d'escalade. Ni une, ni deux, je m'inscris. Guillaume, titulaire de ses points, se rabat sur le marathon et Philou hésite, pas certain de vouloir se remesurer d'entrée à un nouveau 100 bornes. Car l'Ultra Guara Somontano, c'est son nom, fait 99 km et 5600 mètres de D+. Belle balade à priori dans cette région magnifique avec en plus une appellation de vin local dans le nom. Que du bonheur en perspective.

Rendez-vous est pris pour le 6 octobre en la belle cité d'Alquezar, perchée sur les contreforts de la sierra et dominant la plaine de Huesca. Nous arrivons avec Pat et retrouvons Guillaume, Hélène et leurs filles par une belle soirée typique de la douceur de vivre espagnole.

Un briefing dans la langue de Cervantes, une balade dans la vieille ville et une nuit très courte à proximité du clocher qui égrène gentiment le temps qui passe en nous le rappelant tous les quarts d'heure. Le matin me trouve donc un peu fripé sur la place du village, attendant le départ avec un peu d'anxiété. Après un interminable discours, le peloton s'élance enfin. Très vite, nous nous retrouvons dans une nature bien sauvage avec des passages de gué, des sentiers serpentant dans les taillis, le tout sous un soleil bien généreux. Nous sommes au mois d'octobre, mais la douceur et même la chaleur sont de mises de ce côté des Pyrénées. Je me sens bien et ne ressens aucune douleur, ni au dos, ni au genou. Je me suis entraîné progressivement à partir de la mi-juillet, alternant sorties longues et fractionné, mais sans excès. Bref, les sensations sont bonnes en ce début de parcours.

Guillaume, qui court le marathon, me rattrape au bout de deux heures, car notre début d'itinéraire est commun. Nous cheminons ensemble et découvrons les gorges et canyons entourant Alquezar, dans lesquels nous descendons par des escaliers de pierre ou de fer aménagés dans ce but. Le paysage est grandiose et nous nous délectons de ces sculptures naturelles.

Au ravitaillement d'Alquezar, où nous repassons, nous recevons les encouragements de Béa, Hélène, Thaïs, Aésa et Pat et attaquons ensuite une longue montée rocailleuse qui nous permet de découvrir l'ampleur du panorama. La chaine des Pyrénées apparaît en arrière-plan, se dessinant dans un ciel d'azur et donnant encore plus de profondeur au décor. Nous rattrapons, à ce moment, un concurrent qui nous avait intrigués au départ. Il est en effet porteur de chaussures minimalistes, nouvelle mode dans le monde du trail, en opposition aux chaussures «over-size» dont nous sommes équipés. Le personnage, tout de noir vêtu et manifestement très affûté, sautillait sur la ligne de départ muni de ces gants de pied, confiant dans le fait d'avoir moins de deux millimètres d'épaisseur entre sa voûte plantaire et le sol. J'avoue avoir été à la fois impressionné et sceptique sur l'efficacité d'un tel système sur une course de ce format. Mais au vu de la vitesse à laquelle nous déposons le malheureux dans la descente vers Vina, nous constatons que ce type de chaussure n'a rien à faire sur ce genre d'épreuve. Le type, incapable de courir, sautille pour éviter les pierres qui lui causent des douleurs insupportables à chaque impact et donne l'impression de marcher sur un chemin de braises. Peut-être s'agit-il finalement d'un pèlerin catholique s'étant égaré sur le chemin de Saint-Jacques. Nous ne le saurons pas, car l'infortuné abandonnera rapidement au ravitaillement suivant.

C'est à ce moment que nos chemins se séparent avec Guillaume et que je continue seul mon aventure. Le moral est bon, les paysages magnifiques et les chèvres sauvages qui m'accompagnent pendant quelques kilomètres plutôt sympas. Je chemine tranquillement en longeant un torrent et ses baignoires naturelles. L'envie est grande de se baigner, d'autant qu'il commence à faire bien chaud, mais je sais que j'aurai du mal à repartir si je cède à la tentation. C'est donc assez motivé que j'arrive au ravito suivant où m'attendent Béa et Pat, mes fidèles accompagnants. Le gros des difficultés est à venir. 1000 mètres de dénivelé à gravir en plein cagnard avant de redescendre sur Rodellar. La montée se fait sur une piste régulière et j'essaie d'adopter un rythme efficace et rapide. Je m'hydrate bien et continue à gérer ma course plutôt pas mal. Je prends plaisir à savourer l'instant, heureux d'être immergé en pleine nature, profitant d'une sensation intense de liberté. L'arrivée au sommet est accompagnée d'une brise rafraîchissante qui me fait le plus grand bien. Je prends cinq minutes pour étirer les jambes d'un concurrent tétanisé par les crampes et lui glisse au passage un peu de fleur de sel à mettre sous la langue. Il me remercie avec une grimace et je me souviens de la même scène deux ans auparavant, quand j'ai accepté l'offrande blanche sur la Course des Refuges. Je le laisse se reposer en lui souhaitant bon courage sans savoir qu'il me doublera cinq kilomètres avant l'arrivée. Quand je vous dis que la notion de compétition entre concurrents amateurs est bien relative.

Je descends tranquillement sur Rodellar où je fais une pause restauration et changement de pneumatiques. Elle sera tout de même moins longue que celle d'un autre concurrent qui s'attable carrément en terrasse au resto du coin et se commande une entrecôte en guise de ravitaillement. Tout est permis en Espagne. Il reprendra néanmoins la course qu'il terminera, le ventre plein.

Après Rodellar, nous descendons vers les rives d'un rio serpentant entre d'immenses falaises, paradis des grimpeurs. Il faut croire, pourtant, qu'ils n'aiment pas partager l'endroit, car une poignée de petits malins s'est chargée de débaliser le parcours avant notre passage. Activité intéressante qui consiste à enlever les rubans de couleurs qui nous guident sur la course. En effet, à la différence des épreuves de courses d'orientation, le parcours sur les trails est clairement marqué, enfin en général, de telle sorte que le coureur n'ait pas à chercher son chemin. Je retrouve donc plusieurs trailers égarés en train de tourner en rond sous le regard goguenard de quelques chevelus accrochés aux parois. Merci messieurs, vous êtes trop bons. Nous sortons nos road-books et nous orientons approximativement avec le soleil pour partir dans une direction. Au bout de quelques centaines de mètres, nous retrouvons les balises et poursuivons notre périple.

Une montée raide nous amène sur un magnifique plateau, mélange de prairies et blocs karstiques, au milieu duquel serpentent de nombreux rios. Le soleil décline, rafraîchissant l'atmosphère et nimbant les Pyrénées lointaines d'un voile brumeux. Je laisse mes compagnons partir devant et m'accorde une pause contemplative. Je me répète, mais je goûte là des moments de pur bonheur. L'effort physique sublime les sensations et avoir le luxe de pouvoir s'arrêter sur une épreuve sportive pour apprécier ces instants n'a pas de prix. La course lente ou l'oxymore revisité dans le sport. J'ai l'impression d'être doté d'un super pouvoir me permettant de ralentir la course du temps. C'est quand même un sacré luxe dans notre vie de mortels.

La nuit est maintenant tombée et j'attends avec impatience de voir les lumières du prochain ravitaillement. Je sais que Béa et Pat seront là et que je vais avoir besoin de leur soutien pour attaquer la nuit. Les images de la 6666 me reviennent à l'esprit, mais le contexte est différent. Je suis fatigué, mais pas épuisé, je n'ai mal nulle part et je pense avoir bien géré mon hydratation pour le moment. Le métier rentre doucement. Hasard du périple, j'arrive au ravitaillement en même temps que Béa et Pat. Et là, grosse surprise, il n'y a plus rien à manger. L'organisateur est désolé, mais au vu de l'isolement géographique et de l'heure tardive, il ne peut nous amener d'autres victuailles. L'organisation a tellement été au top jusque-là que personne ne se plaint. C'est le gars qui a mangé l'entrecôte à Rodellar qui a eu raison. Et une fois de plus, l'esprit trail va parler. Béa va chercher la glacière qu'elle transporte sur chaque course avec le nécessaire de survie et distribue aux concurrents présents à ce moment ce qu'il nous reste de nourriture. L'instant est magique et le partage de ces quelques vivres dans ce coin perdu de la Sierra reste encore aujourd'hui un des meilleurs moments passés sur une course.

Mais tout à une fin (faim) et il faut repartir pour une longue portion nocturne sans assistance, au milieu de la nature. Cela commence par un sentier un peu technique qui s'élargit pour déboucher sur une piste de pierre blanche, encore une, mais bien réelle cette fois. J'appelle mes enfants et savoure leurs encouragements. Ils sont de plus en plus concernés par mes défis et suivent ça de près. Je passe ensuite en mode automatique, dans ma bulle, regardant où je mets les pieds quand soudain, un stress me fait stopper ma course. Je ne me souviens pas avoir badgé mon passage au dernier ravitaillement. Chaque ravito est une étape alimentaire, mais aussi réglementaire afin d'éviter toute tricherie. On doit présenter notre dossard à un contrôleur qui l'enregistre. Mais impossible de visualiser la scène lors du dernier point de passage. Le partage de la bouffe avec les autres coureurs a occulté le côté contrôle. J'essaie de me raisonner en me disant qu'il n'y a aucune raison d'avoir oublié cette fois-ci plutôt qu'une autre, mais le mal est fait. Je m'imagine déjà franchissant la ligne d'arrivée, mais disqualifié. J'appelle Béa pour lui faire part de mon inquiétude, mais elle ne peut la lever, ne se souvenant pas du contrôle elle non plus. Je continue ma progression en ruminant, pestant contre moi-même et ma négligence.

Ceci a pour effet d'augmenter ma vitesse de course sans que je m'en rende vraiment compte. Et j'arrive sans l'avoir anticipé au ravitaillement suivant, qui n'est en fait qu'une petite tente avec une réserve en eau. Mais ô surprise, la personne qui veille n'est autre que l'organisateur de la course. Je lui explique sans plus tarder mon problème dans un espagnol précaire, mais un grand sourire éclaire son visage puis le mien quand il me répond que tout est OK et que j'ai bien badgé mon dossard à tous les points de contrôle. Un immense soulagement m'envahit et j'ai presque envie de lui claquer une bise, mais je me retiens et repars, gonflé à bloc. La lune décide de se lever pour fêter ça et comme elle est pleine, une clarté blanchâtre illumine le paysage et la piste, me permettant de couper ma frontale. Courir de nuit sous la lune sans lumière est une sensation unique et rare. On est en pleine communion avec la nature, à l'écoute de tous les bruits, emplis des senteurs végétales et ne faisant qu'un avec notre environnement. C'est purement magique.

Je téléphone à nouveau à Béa pour lui donner la bonne nouvelle et j'ai la surprise d'apprendre qu'elle vient vers moi à pied avec Pat, espérant me croiser sur le chemin pour me faire un coucou aussi agréable qu'inattendu. Sentant que je perdais un peu pied avec cette affaire de contrôle manqué, elle a décidé de venir me remonter le moral au beau milieu de la nuit. Elle est top ma Béa et Pat aussi d'ailleurs. Je les croise cinq minutes après et m'accorde quelques instants pour partager un petit moment avec eux. Que de bonnes nouvelles en peu de temps.

Je n'ai d'autre but maintenant que de terminer. Le plus dur est derrière moi et je dois poursuivre mon chemin sous la forme d'une très longue descente qui va me rapprocher de l'arrivée. Les barrières horaires ne sont pas un problème et tous les voyants sont au vert sur le plan musculaire. Le dos commence à couiner un peu, mais sur un mode courbature qui ne m'inquiète pas. Je profite donc de mon amie la lune et avance, mètre après mètre, vers mon objectif. Je suis seul et aperçois de temps en temps une lumière devant qui disparaît au gré du relief. C'est agréable de courir isolé tout en sachant qu'il y a du monde devant et derrière.

Après un antépénultième ravito, je croise la piste où j'ai laissé Guillaume et rejoins le parcours du marathon. Une succession de bosses réveille mes quadriceps et me fait dire que ce n'est pas encore gagné. Ce passage est dur, car on n'en voit pas la fin. Chaque virage débouche sur un autre et la forêt empêche toute perspective. J'arrive finalement sur une partie bitumée annonciatrice du dernier point de contrôle. Mes assistants sont là, fatigués eux aussi par la longue nuit. Il me reste 5 km et 550 mètres de dénivelé. J'y crois.

La dernière montée passe comme dans un rêve. Les lumières d'Alquezar apparaissent et je me laisse guider vers elles comme un papillon de nuit, l'excitation en moins. C'est plus une sérénité qui m'habite et me fait avancer. La place du village est beaucoup moins peuplée qu'au départ. La musique retentit toujours et je passe la ligne sous les applaudissements de mes potes et de l'organisateur, toujours présent et qui me donne une grande accolade en guise de félicitations.

Un grand monsieur et une grande course, probablement la plus belle et la plus sauvage.
Je tombe dans les bras de Béa et laisse mes larmes couler, heureux. J'ai fait un 100 bornes. Je l'ai fait. En un peu plus de 21 heures. C'est énorme. Je suis comblé.
Je finis par sécher mes yeux et remercier Pat pour sa présence et son soutien indéfectible. La remontée jusqu'à l'appartement est lente, mais sereine. Je savoure. La fin de nuit m'emporte dans le sommeil malgré la complainte du clocher. Quelle belle journée !

Sept points en trois courses sur deux ans. Le contrat est rempli. Idem pour Guillaume qui en a un de plus. Et Philou ? Malheureusement, il a choisi ce moment pour se casser le poignet en VTT. Pas le compte pour lui, du fait d'une indisponibilité de plusieurs semaines. Alors que faire ?
Au terme d'une longue discussion lors d'une soirée en montagne, nous décidons Guillaume et moi de l'attendre et de ne pas nous inscrire à l'édition 2013 de l'UTMB®. Nous savons parfaitement que nous serons obligés de refaire des courses pour obtenir d'autres points, car nous perdrons les quatre acquis en 2011 aux Templiers et aux Citadelles. Mais nous savons aussi que nous souhaitons nous inscrire tous les trois dans ce projet. En effet, l'organisation de l'UTMB® permet aux concurrents qui souhaitent absolument y participer à plusieurs de s'inscrire en créant un groupe. Ainsi, on est sûr d'y aller ou de ne pas y aller ensemble. L'amitié qui nous unit est au moins aussi forte que le désir de participer à l'évènement en lui-même. On est toujours dans les valeurs humaines importantes qui jalonnent une vie. C'est bien.

En quête d'expérience

J'ai donc une année sans pression devant moi. Je dois certes prendre quatre points, car ces derniers sont valables deux ans et le barème qualificatif a augmenté. Il en faut sept en trois courses. L'Ultra Guara Somontano m'en ayant donné trois, il en reste quatre en deux épreuves. Mais l'idée générale est de s'habituer sur des courses longues. Il faut emmagasiner de l'expérience et du vécu pour pouvoir faire face avec plus de sérénité aux situations nouvelles et imprévues.

Après concertation, nous décidons de nous inscrire à l'Ultra Draille dans la région du Pic Saint-Loup et au Grand Raid des Pyrénées (GRP). Une course de 120 bornes et une de 80 avec 5000 de D+ à chaque fois. Beau programme en perspective avec deux voyages à pied qui promettent beaucoup.

Je dois néanmoins composer en ce début d'année avec un genou gauche qui décide de gonfler tout seul. Pas de douleur, mais une sensation de plénitude et de gêne qui m'incite à réaliser une nouvelle IRM. Cela fait beaucoup d'examens, me direz-vous, mais qui ne sont pas effectués pour rien ; en effet, celui-ci révèle une arthrose fémoro-patellaire marquée. En clair, de l'arthrose entre la rotule et le fémur qui crée une inflammation et un épanchement liquidien responsable de la sensation de gonflement.

Et voilà, encore un problème d'articulation ! Foutu, je vous dis, complètement foutu ! Eh bien non, celui-là non plus ne m'arrêtera pas. Je ne vais quand même pas me laisser faire par une vulgaire dégénérescence cartilagineuse. En fait, je suis une arthrose. On me propose dans un premier temps de la visco-supplémentation, terme assez barbare pour les profanes. Il s'agit d'injecter dans l'articulation une substance gélatineuse censée remplacer le cartilage défaillant et diminuer les frottements et donc l'inflammation. J'avoue que je ne suis pas très chaud à l'idée de me faire perforer le genou avec de la gelée anglaise.

Je sursois à la séance de pique et demande conseil à un orthopédiste de connaissance qui, une fois n'est pas coutume, me propose une méthode douce, à savoir des étirements du quadriceps afin d'augmenter l'amplitude articulaire. A ma grande surprise, au bout de quelques semaines, le résultat se fait sentir ; le genou devient sec et la gêne disparaît petit à petit. Encore un succès des méthodes naturelles à méditer.

J'attaque donc la préparation de l'Ultra Draille, profitant d'un hiver exceptionnellement neigeux me permettant de me faire les cuisses en crapahutant dans la poudreuse avec mes raquettes et mon snowboard. Il est important de pouvoir diversifier son entraînement même si la pratique de la course à pied doit rester majoritaire. La randonnée raquette/snow permet d'allier un effort très intense en termes de fréquence cardiaque avec un gros travail musculaire des membres inférieurs, le tout dans un cadre des plus agréables. La descente étant la récompense nécessaire à cette débauche d'énergie. En parallèle, j'intercale des séances de fractionné en côtes afin d'optimiser la préparation.

Cette période est aussi l'occasion de tester un certain nombre de produits alimentaires. Vous avez vu que l'hydratation et l'alimentation sont des facteurs primordiaux dans la réussite d'un ultra. Le marché regorge de poudres, gels et autres barres énergétiques avec un nombre incalculable de goûts et parfums différents. J'ai bien entendu essayé bon nombre de ces ersatz nutritifs pour finir par revenir à des choses très simples.

Les poudres à mélanger dans de l'eau pour obtenir une boisson isotonique deviennent vite écœurantes et au final empêchent une bonne hydratation en installant une forme de dégoût. Pour ma part, j'utilise une eau gazeuse bien connue et riche en bicarbonate, en alternance avec de l'eau plate dans laquelle je rajoute une pincée de bicarbonate en poudre. Le budget est divisé par dix et l'efficacité garantie.

Même combat pour les gels. J'en garde un ou deux dans le fond du sac en cas de vrai coup de barre, mais je ne les utilise pas de manière systématique. Je préfère les sachets de compotes de fruits et les biscuits riches en fibres et magnésium, beaucoup plus naturels et sains.

Pour ce qui est des barres énergétiques, je vous conseille d'essayer plusieurs sortes, voire si vous le souhaitez, de les préparer vous-même avec les ingrédients de votre choix. Ce côté «homemade» est très appréciable et donne une saveur particulière au produit.

Mais le conseil le plus important est de bien profiter des ravitaillements. S'ils sont là, c'est qu'ils ont une utilité. Vouloir gagner cinq minutes en traversant en courant la zone de ravito risque de vous faire perdre cinq heures. Ce doit être l'occasion, surtout sur des ultras, de prendre le temps de s'asseoir pour manger ce que l'on a mis dans sa gamelle. Il y a généralement une grande diversité de produits et vous pouvez faire votre choix en fonction de vos envies du moment. Prenez le temps de mâcher et d'avaler afin de ne pas solliciter votre tube digestif déjà malmené par la course. Vous éviterez les reflux et autres nausées consécutives à une ingestion trop rapide. Je ne suis personnellement pas trop partisan de la technique très utilisée par les trailers et consistant à repartir du ravitaillement en marchant et en mangeant en même temps. Le gain de temps me paraît négligeable et l'on se prive du plaisir de l'arrêt au calme. Mais il est tout aussi vrai que si l'on s'arrête vingt minutes à chaque escale, on risque de sortir des limites horaires. Tout est question d'équilibre et seule la pratique permet de trouver la bonne formule propre à chacun. D'où l'intérêt de multiplier les tests à l'entraînement pour être prêt le jour J.

C'est donc fort de ces expériences que j'aborde l'Ultra Draille du Pic Saint-Loup. Située à trente kilomètres au nord de Montpellier, cette célèbre région viticole possède un relief marqué propice à la course nature, avec une ambiance méditerranéenne toujours aussi appréciable. Mais en cette année 2013, le côté estival va céder la place au fameux épisode cévenol.

Après l'arrêt cassoulet désormais traditionnel aux alentours de Castelnaudary, Guillaume et moi regardons d'un œil inquiet l'amoncellement de nuages noirs vers lequel nous roulons. Les prévisions météo ne sont pas optimistes et nous non plus. Des pluies très intenses sont annoncées pour une bonne partie du week-end, accompagnées de vents forts, voire tempétueux. Nous prenons nos quartiers dans le petit village de Lauret et nous rendons au briefing d'avant course avec le vague espoir que tout sera annulé. Espoir rapidement balayé par l'organisateur qui nous explique que la chaleur et le soleil sont des ennemis bien plus coriaces que la pluie dans sa région et que nous partirons comme prévu le lendemain matin à 5 heures. Barrière horaire de 30 heures pour 120 km et environ 5000 de D+.

Voilà, le décor est planté. Visiblement, le Cévenol ne se laisse pas impressionner comme ça, même si l'organisateur ne court pas, lui. Au fait, Guillaume, le golf sur la Costa Brava, ça te tente ? Parce qu'on n'est pas très loin.

La nuit voit l'arrivée des premières pluies, mais celle qui nous réveille à 3 heures est d'un tout autre acabit. Des trombes d'eau commencent à s'abattre sur la région, nous incitant à revoir notre équipement. Pour ma part, j'opte pour la parade spéciale Patrice, à savoir le poncho en caoutchouc imperméable. Et encore, c'est parce qu'il n'a pas retrouvé son ciré jaune breton. Guillaume s'équipe également du même objet et nous prenons la route avec Béa vers le point de départ, à savoir le village de Causse-de-la-Selle. Des rafales balayent la route et font tanguer la voiture dans tous les sens, le tout accompagné d'averses intenses. Enfin arrivés sur zone, nous nous réfugions dans la salle des fêtes pendant que l'organisation essaie tant bien que mal d'empêcher le portique de départ de s'envoler pour le Maroc.

L'ambiance est morose et on nous annonce un départ reporté d'une heure. Nous nous mettons dans notre bulle, essayant d'économiser notre énergie. Béa reste un peu avec nous puis repart quand il semble évident que le départ aura lieu. On doit se retrouver au km 50.

Highway to hell, d'AC/DC, retentit sur l'aire de départ, tout en circonstance même si on imagine plutôt un *Highway to rain,* et tente désespérément de donner la pêche à 250 malheureux en partance pour l'enfer. Guillaume et moi ressemblons plus à des pêcheurs à pied qu'à des coureurs de trail avec notre accoutrement anti-pluie, mais la suite nous donnera pourtant raison.

Au top départ, le peloton s'ébroue dans la nuit tel un chien mouillé et nous voilà partis pour un voyage qui s'annonce humide. Une petite accalmie temporaire nous permet pourtant de nous mettre en température et les premières lueurs du jour nous redonnent le moral. Le terrain est assez technique et glissant, imposant une progression plutôt lente qui nous convient. Au bout d'une heure, Guillaume prend les devants et je continue mon voyage seul. Au détour d'un sous-bois, je tombe nez à nez avec trois sangliers qui me toisent avant de poursuivre leur chemin. Quand je vous dis qu'il s'agit de courses nature.

Le Roc de la Vigne est le premier sommet à passer et le brouillard qui m'enveloppe à cet instant empêche toute contemplation. La descente sur le magnifique village de Saint-Guilhem-le-Désert est assez roulante et emprunte un monotrace serpentant dans la garrigue détrempée. Passé le ravitaillement, les démons du Pic Saint-Loup décident de montrer de quoi ils sont capables et se mettent à déchaîner la cavalerie céleste. Des bourrasques à plus de 80 km/h et un véritable déluge s'abattent sur la course et ses concurrents. Mon poncho me permet d'avoir une protection acceptable et de pouvoir continuer à avancer tant bien que mal. Certes, il n'est pas respirant, Gore-Tex, déperlant et autre, mais quand je vois l'état de moisissure avancée de certains coureurs équipés uniquement de la dernière veste à la mode réputée ultra tout, je me bénis d'avoir mis sur moi le poncho de Pat.

Une portion de bitume bienvenue pour sortir de la gadoue se transforme en rivière quand un torrent dévalant de la montagne sort de son lit et recouvre totalement l'asphalte. Le vent y crée même des petites vagues. J'essaie de faire abstraction des conditions dantesques et m'alimente au mieux, conscient que nous n'avons pas encore fait un tiers de la course. L'arrivée au ravitaillement du Mont Saint Baudille nous fait découvrir un paysage de désolation. La tempête a soufflé la tente censée nous accueillir et nous nous abritons quelques minutes derrière deux 4X4 pour profiter d'un bol de soupe servi par des bénévoles transis et détrempés.

Je profite de cette interruption pour saluer le travail remarquable des bénévoles présents sur les différentes courses auxquelles j'ai participé. Ces personnes dévouées qui nous servent plats chauds et autres spécialités locales ont toujours un sourire ou un encouragement bienvenu. Elles voient passer des coureurs parfois grognons ou désagréables, pas très polis et souvent fatigués, mais ont toujours un petit mot sympa en réserve. Les soupes et autres plats de pâtes chauds préparés par leurs soins apportent un réconfort appréciable. J'essaie pour ma part d'être aussi courtois que possible, même fatigué, car j'estime que toutes ces personnes ont leur importance dans notre réussite. Mais cette fois-ci, il faut reconnaître que ce sont plutôt les coureurs qui ont remonté le moral des bénévoles au milieu des éléments déchainés.

Je poursuis donc mon voyage dans un paysage qui s'éclaircit un peu, laissant voir une garrigue à perte de vue avec par moments, des silhouettes rocheuses perçant le brouillard. Univers fantasmagorique d'où l'on ne serait pas surpris de voir surgir trolls et elfes, même si l'heure n'est pas encore aux hallucinations. Je chemine seul dans cette nature sauvage et humide et goûte avec délice à une petite accalmie météo. Mon poncho s'est avéré être une protection diablement efficace et hormis mes pieds trempés, je suis dans une situation tout à fait acceptable au vu des conditions.

C'est donc au km 50 que je retrouve Béa, mon âme sœur, dans le charmant hameau de Pégairolles-de-Buèges. Un timide rayon de soleil vient saluer l'évènement et me redonne le plein d'énergie et de courage. Mon début de course est conforme aux prévisions et je n'ai pour l'instant aucune alerte somatique. Un changement de pneumatiques s'impose et le fait de repartir les pieds secs me procure une joie intense. L'ultra endurance permet souvent de goûter à des plaisirs très simples qui nous échappent dans notre vie moderne trépidante. Elle me signale que Guillaume carbure très bien et me confirme que de nombreux concurrents ont déjà abandonné à cause des conditions climatiques.

Je repars pour affronter les deux difficultés majeures du parcours, à savoir le pic Peyre-Martine et le Roc Blanc, avec à chaque fois 700 mètres de dénivelé. La pluie et le vent se sont calmés, me permettant de prendre un bon rythme. J'avale la première montée sans problème et attaque la seconde avec un gros moral. Le paysage se découvre enfin, me permettant de faire le plein d'images. J'étais un peu frustré de traverser cette magnifique région dans un coton épais et je profite pleinement de l'immensité sauvage qui s'offre à mes yeux. Quelques centaines de mètres avant le sommet, je croise un coureur l'air hagard qui me demande où est le chemin. Je lui indique que nous sommes dessus et lui demande si tout va bien. Il m'adresse alors un grand sourire en m'expliquant qu'il s'est perdu il y a une heure alors qu'un épais brouillard recouvrait le coin et qu'il a tourné en rond dans la garrigue, persuadé qu'il ne retrouverait jamais la bonne direction. Ses jambes en sang témoignent du rude combat qu'il a mené contre la végétation agressive de la région. Nous cheminons ensemble jusqu'au Roc Blanc, point culminant du trail, où je le laisse se refaire une beauté. Je m'élance ensuite dans la longue descente vers Brissac, au quatre-vingtième kilomètre.

J'y arrive en fin d'après-midi, relativement frais, prêt à avaler le dernier marathon. J'apprends malheureusement à cet instant la victoire du Rugby Club Toulonnais en finale de Coupe d'Europe au détriment de Clermont et m'apprête à offrir à ce sport que j'aime tant un enterrement de première classe sur l'autel du fric. Puisse le trail rester à l'écart de cet univers mercantile mené par des hommes d'affaires et des parvenus qui ont réussi à dénaturer en quelques années le plus beau sport collectif au monde, même s'il a été créé par des Anglais, pour le transformer en vulgaires jeux du cirque où l'argent est roi et où les présidents de club sont plus importants que les joueurs qui transpirent sur le pré.

Parenthèse refermée, il est temps de repartir crapahuter dans la nature, loin de ce vacarme financier. Un bisou à ma douce qui est toujours là pour me soutenir et je m'enfonce dans le crépuscule pour essayer de terminer ce voyage au début apocalyptique. Le relief est plus doux et la lumière du couchant me guide au travers des bois et des prés, avec le Pic Saint-Loup et son homologue, l'Hortus, en arrière-plan. Ces deux sommets, vus de là où je me trouve, ressemblent à une mâchoire ouverte, prête à mordre ceux qui veulent s'y aventurer. Non, je n'ai pas d'hallucinations, c'est même écrit dans les guides touristiques. Alors, jetons-nous dans la gueule du loup !

La nuit tombe et j'avance toujours. Le relief est tourmenté, mais sans pourcentage trop élevé. On serpente au gré des collines et des vallées. Vers minuit, il se remet à pleuvoir et le vent se lève à nouveau. Je me serais bien passé d'une nouvelle douche, mais il est dit et écrit que les dieux du Pic Saint-Loup sont coquins et je remets mon poncho fétiche pour affronter le résidu de tempête. Cet épisode perturbé sonnera le glas pour bon nombre de coureurs, découragés par ces conditions climatiques exceptionnelles. Au détour d'une forêt, je trouve une tente avec quelques personnes assises à l'intérieur. Il s'agit en fait d'un point de ravitaillement que j'avais oublié. Je me fais une petite place, je sais ce n'est pas facile avec mon gabarit et je me retape un peu avant d'entrer dans la nuit profonde. Le moral est toujours bon.

La suite est assez douce jusqu'à Saint Martin de Londres, dernière grosse base de vie. On est au centième kilomètre. Béa est là, toujours, pour me motiver. Guillaume est passé en même temps que la première féminine, c'est un avion de chasse. Je prends le temps de me restaurer et d'écouter les conseils, comme un boxeur assis dans son coin en attendant le dernier round. La fatigue est bien là, mais je la gère. Je ne suis pas épuisé, je peux encore avancer.

À ma grande surprise, les cinq kilomètres suivants se courent sur du plat. Je me remets à trottiner, profitant de l'arrêt de la pluie. Je suis seul, sans aucune lumière, ni devant, ni derrière. La masse sombre et inquiétante du Pic Saint-Loup se détache derrière les nuages et s'approche lentement. J'aurais dû me méfier de cette portion plane et mieux regarder le profil. Car comme pour le beau temps qui vient après la pluie, en trail, la montée succède au plat. Et quelle montée ! Un sentier technique et glissant se fraie un passage sur les flancs du Pic, au milieu d'une forêt dense et humide. Un régal à trois heures du matin. Mon moral en prend un sérieux coup et je me demande si je vais arriver à finir cette épreuve. J'appelle Béa pour lui signifier mon état d'esprit et prendre un peu de réconfort. Elle va essayer de me rejoindre au niveau d'un point d'eau au bout d'un chemin carrossable. Cette perspective me revigore et me permet de sortir enfin de ce sous-bois inhospitalier. Je me traîne au ravitaillement tant bien que mal et me laisse tomber sur une chaise. Béa est là, en compagnie d'un bénévole qui tient seul ce point de contrôle. Quelle passion anime ces gens qui se retrouvent en pleine nuit aux confins de nulle part pour voir passer un zombie toutes les morts d'évêques ?

Mais ce saint homme, en plus d'être là, me propose gentiment de partager son dernier café chaud. Ce breuvage, insipide, me fait un bien fou. Je suis découragé et bien entamé physiquement, mais les paroles de Béa et le café de ce monsieur me donnent la force de repartir dans le froid et l'humidité. Deux samaritains et un pèlerin pour paraphraser une parabole.

Toujours est-il que je suis reparti. Je me demande encore comment, tant la tentation de rentrer dormir était forte. Le sentier s'élève et devient plus technique. Pas de répit ni de cadeau dans la dernière portion. Je suis au ralenti, car c'est une vraie patinoire. Mes chevilles implorent ma vigilance, de peur de se mettre à angle droit. Mon genou commence aussi à couiner et je traîne ma carcasse de plus en plus lentement. Ces moments sont très durs. Seul l'objectif de terminer me tient éveillé. Malgré la dure réalité de l'épreuve, je garde au fond de moi cette flamme qui brille depuis plusieurs années maintenant et qui m'indique l'objectif final. Cette pensée relativise la situation présente, certes peu enviable et la nimbe d'une enveloppe ouatée la rendant plus acceptable. Je sais que cette course n'est qu'une étape obligée dans le long parcours que je me suis fixé. La leçon sur le fractionnement d'un ultra en plusieurs étapes est aussi applicable à la globalité du projet UTMB®.

Un concurrent me dépasse et me demande si tout va bien. Je lui réponds que c'est une question de référentiel, mais que je suis toujours debout. Il m'annonce alors que nous sommes en haut de la dernière difficulté et qu'il n'y a plus qu'à descendre jusqu'à l'arrivée. Une bouffée d'adrénaline m'envahit et me sort de la torpeur dans laquelle je glissais gentiment. Je consulte mon GPS pour voir qu'il ne reste plus que quatre kilomètres. Une vague lueur éclaire l'est, l'aube d'un nouveau jour, l'aube d'une arrivée. C'est très sereinement que je déroule cette dernière portion, veillant à ne pas me blesser bêtement. Je traverse les rues endormies du village et passe la ligne en silence et en solitaire pour tomber dans les bras de ma chérie, ultime réconfort après tant d'efforts. 120 km, 5000 et quelque de D+ et 24 h 20 au total. Guillaume a fini en moins de 20 heures. Nous sommes les meilleurs du monde à cet instant.

N'y voyez aucune flagornerie, juste un sentiment énorme d'être allé au-delà de soi et de ses propres rêves. Courir 120 km me paraissait inconcevable il y a encore cinq ans. Qui plus est dans ces conditions météo dantesques. Et nous l'avons fait. Le chiffre me saute à la figure sur le trajet du retour et l'énormité de la course me rattrape. Comment est-ce possible ?

Le lendemain nous trouvera en train de descendre les escaliers d'une cave du Pic Saint-Loup à reculons pour économiser nos quadriceps dévastés. Nous referons les niveaux à grands coups de verres de rouge et rencontrerons à cette occasion Fabrice Bonmarchand, vigneron éminemment sympathique qui nous fera découvrir son vin et nous ouvrira les portes de son amitié, clôturant ainsi un week-end humide, mais tellement riche en émotions.

Et Philou, où en est-il ? Une baisse de motivation et un peu de malchance l'ont empêché de s'inscrire au GRP. Il est vrai que l'inscription s'est jouée en moins d'une heure. Cette course est en effet le pendant pyrénéen de l'UTMB® et l'engouement qu'elle suscite est énorme. Il n'est donc pas présent sur les grandes épreuves à points et ne pourra pas postuler pour la prochaine édition du Mont-Blanc. On l'a donc attendu pour rien me direz-vous. Eh bien non, pas pour rien. Car premièrement, son choix se respecte et deuxièmement, la somme de toutes les expériences vécues sur ces ultras n'est que du bonus. Nous continuons donc à deux, mais nous avançons toujours.

Pour les points, le compte est bon. Ce GRP s'annonce donc sans aucune pression. J'ai passé une partie du mois d'août à retaper le toit d'une grange que je possède en montagne et j'ai modifié ma méthode d'entraînement. Séances de montée d'ardoises dans la journée et gros gueuletons le soir. Tout un programme, à faire pâlir d'envie un biathlète. Mais le partage de ces moments entre potes en montagne couplé à l'effort physique quotidien vaut toutes les préparations mentales.

On arrive à Vieille-Aure, dans le 65, pour le dernier week-end d'août, motivés et sereins. Le parcours s'annonce somptueux avec le passage au sommet du Pic du Midi de Bigorre en point culminant. Le retrait des dossards s'accompagne d'une vérification du matériel obligatoire. On sent que l'on rentre dans une forme de professionnalisme qui n'existe pas sur d'autres courses. Le briefing est complet et la météo s'annonce mitigée, mais sans précipitations a priori. Une fois toutes ces formalités terminées, nous prenons la direction de La Maison du Cassoulet à Saint-Lary (malheureusement fermée depuis) pour notre traditionnel repas d'avant-course. Un de nos compagnons de course rencontré sur le site s'en frotte encore les yeux.

— Un cassoulet la veille d'un ultra ? Mais vous n'êtes pas malades les gars ?

— Avec le cassoulet, jamais, Monsieur !

Il s'avère comme d'habitude très bon et nous nous couchons le ventre plein et le sourire aux lèvres. Le départ est fixé à 6 h le lendemain matin et une bonne nuit de sommeil s'annonce. Elle sera pourtant écourtée par un quidam ayant décidé de percer des trous dans l'appartement voisin du nôtre, mais sans grande conséquence.

Nous nous retrouvons, Guillaume et moi, encore une fois au départ d'une course, sous une petite bruine qui s'arrête très vite. Béa nous encourage et repart se coucher, car le prochain point de rencontre n'est pas pour tout de suite. Nous sommes en montagne et les accès sont limités. Il y a foule sur la ligne, mais de manière raisonnable, le nombre d'inscrits étant limité à 1200 coureurs.

Départ tranquille, car on part d'emblée pour près de 1600 mètres de D+. Ce n'est donc pas la peine de se cramer. Le jour se lève vite dans une aube grise et une fraîcheur inhabituelle pour la saison achève de nous réveiller. Guillaume s'envole et je me mets dans ma bulle habituelle de début de course. Hydratation, alimentation, respiration et rythmique des bâtons, autant de routines maintenant bien rodées au fil des courses. Nous nous retrouvons assez vite la tête dans les nuages, essayant de deviner les sommets majestueux qui nous entourent et qui jouent à cache-cache avec la nébulosité. Le rythme est bon et j'avale les kilomètres comme les bols de soupes au ravito, sereinement.

La pente terminale qui nous amène au passage du premier grand col me laisse tout de même un peu raide de la cuisse et c'est prudemment que j'attaque la très longue descente serpentant entre les lacets. Le profil de cet ultra est assez simple : trois grandes montées et trois longues descentes. Mais à chaque fois, plus de 1500 mètres à avaler.

C'est donc une très bonne préparation pour l'UTMB®, un demi en quelque sorte.

La descente se fait sur un bon rythme et m'amène vers ma chérie qui m'attend à ce premier ravitaillement précédant la grosse ascension de la journée, à savoir le Pic du Midi. Je prends le temps de bien manger et de bien m'hydrater avant d'attaquer. Les sensations sont parfaites. Le paysage est somptueux malgré le temps couvert et la température pas loin d'être idéale. Je sais que la montée au Pic est très longue, plus de 1800 mètres de D+, je pars donc à vitesse réduite, m'efforçant de porter le poids de mon corps sur les bâtons pour soulager mes cuisses. Une première partie très raide en forêt calme vite les ardeurs et oblige à adopter un train de sénateur. Au sortir du bois, l'entrée dans le vallon majestueux est grandiose et les perspectives semblent infinies. On se sent minuscule dans cette immensité et la progression, déjà lente du fait de la pente, semble interminable. C'est dans ces moments de doute que l'expérience emmagasinée au fil des ultras prend toute son importance. Je me mets en mode marche automatique et ne me soucie plus des autres concurrents. Chacun son rythme et chacun son ressenti. Seuls le paysage et ma respiration m'occupent l'esprit. Le repos mental que procurent ces courses longues est une source de bien-être jamais tarie. Les préoccupations du quotidien s'évanouissent dans un nuage de contemplation et de méditation. On en ressort forcément frais et dispo, tout du moins en ce qui concerne l'esprit.

La question est de savoir s'il faut nécessairement un but pour se projeter dans cet état de transe physico-cérébrale. Ne vous méprenez pas, je ne suis pas en recherche de paradis artificiels, juste dans l'analyse de cette sensation particulière que l'on éprouve après plusieurs heures d'efforts, quand le corps s'abandonne à l'esprit. La distance des ultras participe grandement à ce sentiment et la ligne d'arrivée matérialise une forme de Graal à atteindre. Il est à mon sens plus difficile de partir pour une course de vingt-quatre heures seul et sans notion de compétition. L'ultra est un outil permettant de se retrouver dans cette perspective, un moyen de parvenir à ce calme spirituel. Tolstoï en parle joliment dans *Guerre et Paix* : « Lorsqu'un homme se trouve en mouvement, il donne toujours un but à ce mouvement. Afin de parcourir mille verstes, il doit pouvoir penser qu'il trouvera quelque chose de bon au bout de ces mille verstes. L'espoir d'une terre promise est nécessaire pour lui donner la force d'avancer. » Franchir la ligne, quel que soit le temps passé, représente ce but décrit par Tolstoï.

Ces pérégrinations mentales m'amènent tout naturellement sur la pente sommitale du Pic. Je croise les coureurs qui redescendent du sommet, avec souvent un petit mot d'encouragement. Nous sommes maintenant dans les nuages et la neige tombée en abondance l'hiver précédent donne à cette fin d'ascension un caractère bien hivernal. Après un dernier virage et profitant d'une trouée dans la nébulosité, je découvre l'observatoire qui trône sur l'arête du Pic et goûte avec satisfaction à cette première. Je m'accorde quelques minutes sur la terrasse, mais ne prends pas racine, car la température est bien fraîche à plus de 2800 m d'altitude.

Je croise à mon tour les coureurs situés derrière moi au classement en redescendant et gambade vers le parking de la station de ski de Barèges où nous attend un copieux ravitaillement. Les sensations sont vraiment excellentes et malgré la météo qui est devenue bien maussade, je savoure mon bon état de forme et l'absence de pépins physiques. Ai-je enfin vaincu le signe indien et laissé derrière moi mes lombalgies ? Trop tôt pour le dire, mais profitons du moment à sa juste valeur.

Béa m'attend au parking de Tournaboup, oasis de soleil dans cette atmosphère humide et grise. Quel bonheur de la voir ! Elle m'apporte toujours réconfort, calme, encouragement et sérénité. Mon âme sœur d'une certaine manière. Je lui rends un hommage sincère pour son attitude sur tous ces ultras. La distance parcourue en voiture, le manque de sommeil, l'attente interminable pour voir débarquer un type fatigué et parfois chafouin, la gestion de mes frustrations et moments de doutes et toujours un sourire, une parole réconfortante, parfois un coup de pied aux fesses quand cela est nécessaire, toutes ces choses qui me poussent à continuer pour franchir la ligne et lui offrir un peu de la victoire. J'ai terminé bon nombre de courses, mais toujours grâce à elle. Elle fait partie intégrante de mon projet UTMB®, s'y investit pleinement et m'apporte ce supplément d'âme qui me pousse à aller toujours plus loin. Une âme sœur je vous dis.

Revigoré par cette halte salvatrice, j'aborde la dernière montée en début de soirée. Une succession de lacs agrémente le paysage et nous permet de retrouver le trajet de l'aller. La nuit tombe et je dévale les pistes de ski empruntées par le parcours, tout heureux d'approcher de l'arrivée. Un seul incident technique vient contrarier la progression durant les derniers kilomètres, à savoir la panne de mes deux lampes frontales. L'usure de la première est compréhensible, mais la panne de la deuxième beaucoup moins. Je vais donc être obligé de suivre un petit groupe devant moi pour la dernière descente dans les bois. Ce genre de détail peut s'avérer rédhibitoire sur un trail, car la progression de nuit sans lumière n'est pas l'apanage de l'être humain. Ce sera heureusement sans conséquence sur cette course, mais cela me servira de leçon pour la suite. Je mettrai systématiquement une batterie de rechange en plus au fond de mon sac pour pallier à toute éventualité.

La dernière ligne droite d'un kilomètre me permettra de me mesurer au sprint avec un autre coureur et nous passerons la ligne ensemble en rigolant, applaudis par une foule dense massée dans les rues du village.

17 h 40 pour 82 km et 5000 de D+, voilà une performance tout à fait honorable qui me place à mi-classement avec la meilleure moyenne horaire jamais enregistrée. Comme quoi, ma préparation originale et mon cassoulet d'avant-course ont été de bons alliés pour cette épreuve. Guillaume terminera une fois de plus très bien et Béa nous retrouvera bien guillerets sur la ligne d'arrivée.

La discussion du lendemain devant un cassoulet – eh oui, encore un autre – tournera essentiellement autour de l'UTMB®. Nous avons fait un demi-tour du Mont-Blanc, aussi bien en termes de distance que de dénivelé. Les sensations sont excellentes, nous ne déplorons aucune blessure et nous mesurons un peu plus l'expérience gagnée au fil du temps. Dans quatre mois, nous nous inscrirons pour l'édition 2014.

Nos yeux brillent à l'évocation de cette perspective et le sourire de ma compagne en dit long sur le bonheur qui anime notre petit groupe.

L'inscription
Nous sommes mi-janvier 2014 et je suis collé à mon ordinateur dans l'attente des résultats du fameux tirage au sort. En effet, depuis cinq ans, le fait d'avoir le nombre de points nécessaires ne suffit plus à obtenir le sésame pour participer à l'UTMB®. Le nombre d'inscrits toujours plus important a contraint les organisateurs à procéder à un tirage au sort. J'ai 10 points en trois courses (il en faut 7 au minimum), mais je ne suis pas sûr d'être pris. Cela fait beaucoup de contraintes au final, mais c'est le prix à payer pour pouvoir participer à la plus grande course de trail au monde.

Avec Béa, nous partons le lendemain pour un voyage en Californie et j'avoue que je me verrais bien prendre l'avion avec mon ticket pour l'UTMB® en poche. Le site internet de l'organisation bugue devant l'afflux de connexions, retardant l'annonce. Finalement, la sanction tombe : nous sommes recalés. L'année prochaine, nous pourrons bénéficier d'un facteur 2 au tirage au sort, à condition d'avoir à nouveau validé les points nécessaires.

La déception est grande. J'appelle Guillaume pour l'informer et pour chercher un peu de motivation. Est-ce bien nécessaire cette course sans fin pour participer à un évènement dont j'ai peut-être surestimé la portée ? Tout cet entraînement juste pour me prouver que j'ai vaincu mon problème de dos ? A plus de 40 ans, ai-je encore besoin de trouver des défis improbables pour vivre ? Pour quoi ? Pour qui ?

Une litanie de questions afflue sous le coup de la frustration. Il faut dire qu'elle est à la hauteur de l'investissement. Cela fait 11 ans que j'ai reposé *L'Équipe* sur la table de nuit d'une clinique bordelaise en me disant que cette épreuve sportive pourrait être quelque chose de magnifique. Onze ans et encore au moins une année de plus à attendre. N'est-ce pas Philou qui a raison en trouvant que la démesure de cette course, tant par son parcours que par son organisation, lui confère un caractère hostile ? On peut tout autant se faire plaisir sur des épreuves moins longues et moins médiatisées. Je suis le premier à dire que je préfère courir à 300 au fin fond de l'Ariège qu'à 3000 à Millau. Alors à quoi bon cet UTMB® ?

Et c'est encore à la fameuse phrase de George Mallory que je vais me référer : « Parce qu'il existe ! »

C'est une évidence. J'ai douté à l'annonce des résultats du tirage au sort, car je sentais que j'étais prêt. Mais l'objectif, certes retardé, est toujours là, bien palpable. Un an, cela veut dire des courses en plus pour augmenter encore mon capital expérience, cela veut dire un an d'entraînement supplémentaire pour gagner un peu en endurance, cela veut dire quelques cassoulets aussi. Je ne vais pas stopper maintenant alors que je touche au but. La récompense n'en sera que meilleure.

Alors bien sûr, certains d'entre vous relèveront de nombreuses contradictions dans mon raisonnement. Le simple fait de recourir sans douleur est une victoire sur ma pathologie lombaire ; l'UTMB® et le barnum qui l'entoure sont les contraires de ce que je recherche dans le calme des courses nature ; la démesure de l'entreprise risque de me précipiter à nouveau dans une récidive douloureuse qui est tout à l'opposé de ce que je veux vivre.

Pas faux tout ça. Et pourtant. L'UTMB® a pris un essor médiatique colossal par rapport à sa première édition, en partie parce qu'il a su rester à taille humaine, j'en ai déjà parlé. Que représentent 2500 coureurs par rapport aux 40000 du marathon de New York ? Les efforts faits par l'organisation pour limiter l'impact carbone d'un tel évènement sont louables et le respect de la nature et des coureurs est toujours présent au fil des éditions.

Le fait de courir sans douleur est déjà une victoire en soi, c'est certain, mais j'ai l'intime conviction que le processus de thérapie que j'ai débuté en 2003 après l'opération est profondément lié à la réalisation d'un objectif. Il se trouve que c'est l'UTMB® parce que ce jour-là je suis tombé sur un article traitant du sujet. J'aurais très bien pu me projeter sur un autre défi. Arriver à terminer cette épreuve sportive correspond à la cerise sur le gâteau, même si c'est une très grosse cerise. C'est la validation finale d'un programme enclenché plus de dix ans avant. Et j'ai découvert également que l'on peut sans cesse repousser ses limites, à condition de le faire intelligemment. La distance n'est pas un obstacle, bien au contraire. La perception de l'ultra-trail comme un voyage à pied donne à cette discipline un rayonnement qui ne se limite pas à la pratique d'une activité sportive. C'est presque une philosophie, comme en témoignent les différentes références citées au fil des pages. C'est tout cela qui fait que la volonté de s'inscrire à cette course s'inclut dans une démarche globale contribuant à améliorer ma qualité de vie. La recherche d'un équilibre entre plaisir, sport, amitié, partage et recherche de mes propres limites. Un concentré de vie, accéléré lors d'une course et qui se pratique simplement le reste du temps passé sur cette terre. Une bonne école de vie en somme.

J'espère vous permettre de toucher du doigt l'étendue des possibilités découvertes avec la pratique de l'ultra. Ce qui n'était au départ qu'un but pour m'aider à redémarrer s'est transformé au fil du temps en projet de vie. N'y voyez aucune justification à deux balles ni mauvaise foi pour donner du corps au bouquin. Il s'agit d'une découverte qui va bien au-delà du sport. Et qui permet de mesurer toute l'importance du mental et même du spirituel dans le traitement d'une pathologie, qu'elle soit somatique ou psychologique. Nous autres, médecins, sommes souvent aveuglés par le symptôme en négligeant son approche globale. C'est pourtant là que se situe la clé.

Bon, c'est bien joli cette discussion sur le pourquoi du comment, mais il faut que je me trouve des courses pour meubler mon année et ramener ces fichus points.

Encore une année à patienter

J'ai un compte à régler, une ardoise restée impayée du côté du Caroux. La 6666 d'Antoine Guillon est toujours là et son massif me fait de l'œil. Elle s'est raccourcie de quelques kilomètres (110), mais s'est apparemment enrichie de nouveaux sentiers. Guillaume décline l'offre, mais Philou, pris d'un regain de motivation, s'invite dans l'aventure. Nous gardons notre binôme avec Guillaume pour l'inscription au Mont-Blanc et il sait qu'il ne pourra pas se greffer dessus, mais le plaisir de gambader dans la nature avec un pote est toujours là.

Un beau mois de juin dans le sud, une pause à Castelnaudary, cette fois il n'y coupe pas et nous nous retrouvons dans un charmant petit gîte à Mons en attendant le départ qui a lieu cette fois à 21 h. C'est toujours bon ces moments d'avant-course où la pression monte gentiment, où les questions sur la motivation affluent, où la vérification du sac et des petits détails n'en finit pas pour meubler le temps qui semble se ralentir comme pour un supplice chinois. Les rituels se répètent, tournant à la routine. Les chargeurs d'appareils nomades (GPS, téléphones, frontales) fonctionnent à plein régime. Mais sur ces longues courses, leur autonomie n'est pas suffisante et oblige à prendre une batterie universelle pour les recharger en cours de route. Le calcul de la quantité de nourriture à emporter est toujours un casse-tête. Généralement, je mets, j'enlève et je remets juste avant de partir, pris d'une angoisse de manquer de carburant. Il en reste toujours à la fin...

Nous arrivons à Vaillan de jour cette fois. Le nombre de participants est à peu près le même qu'il y a deux ans. La température est agréable et la météo parfaite. Je suis content de pouvoir découvrir le début du parcours avec la lumière du soir. C'est toujours un peu frustrant de ne pas voir les paysages de nuit même si les sensations sont différentes et tout aussi agréables.

Le départ est donné et je fais signe à Béa qui nous retrouvera à Colombières en début de matinée. Je profite à fond de la garrigue environnante, embaumée par les senteurs du soir. Le début du parcours est identique jusqu'à Faugères et je reconnais assez bien les lieux. Je suis manifestement plus en canne qu'il y a deux ans. Je me teste un peu sur quelques côtes raides, mais reste prudent, car le souvenir de la tendinite est bien présent. Le passage au ravito de Faugères se fait avec 15 mn d'avance sur mon temps précédent et j'aborde la partie suivante jusqu'à Lamalou avec sérénité. Le parcours a cependant été modifié et nous nous retrouvons à descendre en pleine nuit un thalweg très pentu bordé par un grillage rouillé dont les pics acérés ne demandent qu'à nous attraper au moindre faux pas. Je trouve la sécurité très limite sur ce passage et redouble de vigilance.

Je finis par arriver à Lamalou, sans douleur, mais avec une fatigue nerveuse due à la concentration maximale demandée sur cette portion. Il est trois heures du matin et je m'occupe à bien me ravitailler quand une voix m'interpelle à plusieurs reprises par mon prénom. Je me retourne, mais ne vois personne de connaissance et reprends mon activité alimentaire. La voix se fait plus pressante et je m'interromps à nouveau pour voir Philou assis par terre, une grosse couverture sur les épaules et le bras droit en écharpe.

Bilan : une entorse acromio-claviculaire, conséquence d'une chute dans une descente raide. La course est finie pour lui et une colère froide m'envahit. La malédiction de l'Occitane a encore frappé, empêchant mon pote de boucler cette course. Je le rassure, lui dit de contacter Béa pour qu'elle le récupère et repars, bien décidé à terminer pour venger mon copain. Je me souviens de la portion suivante, car le jour se levait lors de ma précédente participation. J'avance à un bon rythme, ruminant encore sur la malchance de Philou. Je sais la sensation que procure un abandon, qui plus est sur blessure. Il va lui falloir du temps pour digérer.

Le jour se lève sur Madale et je descends sur Colombières, profitant de la dernière fraîcheur nocturne et pressé de revoir ma chérie. Elle me raconte le retour de Philou en pleine nuit qui s'est fait ramener par un accompagnant, mais qui s'est paumé dans le village, ayant toutes les peines du monde à retrouver le gîte, et sa frayeur quand il a cogné à la vitre à cinq heures pour pouvoir rentrer. Cette pause me fait du bien au sortir de la nuit et je reprends la route pour l'ascension du Caroux que je connais parfaitement, car nous y sommes retournés l'été précédent avec Béa. Ascension sans problème et panorama toujours aussi grandiose en haut. Par contre, la descente se fera par un autre itinéraire, extrêmement raide dont le seul but est de rajouter une grimpette dans les cailloux et la chaleur, sans vue, ni courants d'air. J'y épuiserai ma réserve d'eau et je finirai sur la jante à Mons, assez agacé par cette surenchère de difficultés qui se font au détriment du plaisir de courir. Cette tendance à la course à l'armement devient fréquente sur certains ultras, chaque organisateur voulant faire plus dur l'année suivante. Attention de ne pas dénaturer la discipline qui ne doit pas devenir un stage paramilitaire pour les forces spéciales. La région du Caroux est suffisamment belle pour pouvoir en profiter sans exagérer les difficultés à outrance.

J'aborde maintenant l'ascension du dernier gros morceau du parcours, à savoir le Montahut et son chef indien. Il n'y en a pas cette fois, pas plus que de tendinite, mais je visualise très bien l'endroit de l'apparition et le fameux rocher. Il fait très chaud, mais je m'hydrate correctement et poursuis mon cheminement. Après m'être perdu sur deux ou trois kilomètres, la traversée d'Olargues me retrouve de bonne humeur, mais le sourire de Béa et la présence de Philou me donnent la volonté nécessaire pour continuer. Les lumières du soir guident ma progression sur une partie inconnue et néanmoins très sauvage. Je découvre ces terres nouvelles avec plaisir malgré la fatigue qui commence à se faire sentir. Les sentiers sont moins techniques et c'est sur une piste forestière que ma route croise celle de trois sangliers au détour d'un virage. Je m'arrête immédiatement, sans mouvement brusque. Ils font de même et nous nous regardons quelques secondes. Je n'ai pas le temps de m'inquiéter, totalement absorbé par l'instant. Et très naturellement, la petite troupe reprend son chemin, sans précipitation, me laissant planté au milieu du chemin, encore ébahi par la rencontre sauvage. C'est certes la deuxième fois, mais la magie opère toujours. Cet épisode donnera du goût à la fin de la course qui va s'avérer assez longue et un peu monotone. La piste fera un très grand détour avant de revenir à Roquebrun où je passe la ligne après 25 heures de course, fatigué, mais heureux de finir cette épreuve qui n'aura pas souri à Philou.

Encore une dans l'escarcelle, encore une expérience accumulée. Pas de problème articulaire ou tendineux cette fois-ci. Et surtout trois points de plus qui, ajoutés à ceux de l'année dernière, me permettent d'avoir le total nécessaire pour la prochaine inscription. Un bon week-end, en somme, du moins pour Béa et moi. Nous fêterons ça dignement une semaine plus tard sur les eaux translucides des Grenadines au détour d'une transat, en remplaçant le cassoulet par des langoustes et le rouge par du rhum. Il faut toujours s'adapter à un nouvel environnement, c'est une règle fondamentale du trail.

***

Et mon dos, me direz-vous, comment va-t-il ? On aurait presque tendance à oublier le titre du bouquin avec toutes ces courses. Figurez-vous qu'il va bien. À ce stade, j'ai une telle concentration sur l'objectif UTMB® que le gainage et l'hygiène de dos font partie intégrante de mon existence. Ce qui pouvait être rébarbatif il y a encore un ou deux ans est devenu une habitude proche de celle de se nourrir ou dormir. Il faut dire que le jeu en vaut la chandelle. Les douleurs sont un lointain souvenir, mes capacités physiques vont croissantes malgré mes années et le confort de vie qui en résulte est fort appréciable. J'ai probablement perdu en souplesse, car une arthrodèse naturelle est en train de se former sur mes dernières lombaires. En clair, L4 et L5 sont en train de se souder l'une à l'autre, réduisant le risque herniaire, mais occasionnant une certaine rigidité dans la flexion du rachis. J'ai du mal à faire mes lacets le matin, mais je cours sans avoir mal. À choisir...

Cela fait apparaître une notion importante qui est celle des étirements. Personnellement, je les proscris après une course, d'autant plus qu'elle est longue. Les fibres musculaires, très sollicitées, n'ont pas besoin de souffrir encore plus. Mais après une période de repos ou le matin, un stretching doux de la chaîne musculaire postérieure des membres inférieurs apporte l'équilibre nécessaire avec le gainage para-vertébral. Tout est toujours question d'équilibre.

Je reste vigilant quand je dois porter une charge lourde et j'évite autant que faire se peut les mouvements de torsion du rachis. J'ai d'ailleurs, comme je l'ai expliqué précédemment, modifié le placement de mes pieds sur ma planche de snowboard, adoptant la position dite «en canard», qui outre le côté «djeuns», évite les rotations prononcées du bassin.

Tous ces ajustements positionnels, musculaires et posturaux sont à mon sens la condition impérative pour pouvoir pratiquer une activité sportive après une atteinte plus ou moins grave de la colonne lombaire. C'est un ensemble de détails qui permettent de retrouver une posture saine, montrant que l'équilibre global dépend de plusieurs parties du corps. Le dos est un élément d'anatomie qui cristallise de nombreux maux du fait de sa biomécanique et de l'évolution sociétale sédentaire, mais sa réhabilitation ne peut se faire que par un travail global de la tête (pour le mental) jusqu'aux pieds (pour les semelles), en passant par de nombreuses articulations et chaînes musculaires.

Mon expérience n'est peut-être pas adaptable à tout le monde, mais les principes généraux que j'applique sont à mon avis assez universels. La notion d'entretien quotidien est primordiale, gage d'une habitude de vie source de bien-être et d'épanouissement dans la pratique sportive, mais aussi dans la vie de tous les jours. Les relations aux autres sont beaucoup plus simples sans douleur. Les à-coups suivis de périodes d'inactivités sont nocifs, comme en ultra endurance, car ils ne permettent pas au corps de s'habituer et de mémoriser ces habitudes posturales. En résumé, la réhabilitation d'un dos abîmé est un processus de longue haleine, mais qui, s'il est conduit avec régularité permet une pratique sportive quasiment sans limites. La fin du livre vous dira si mes prévisions, à ce stade de ma progression, se révèleront justes.

Voilà pour le dos en 2014. Les courses à points s'enchaînent avec succès et je suis dans une dynamique très positive. Peut-être un peu trop. Une certaine forme de certitude s'insinue progressivement en moi. Le stress d'avant-course a tendance à disparaître, la maîtrise de mes moyens physiques me semble optimale, les douleurs en tout genre ont disparu, bref, tous les symptômes « du mec trop sûr de lui ».

Heureusement, l'ultra endurance est une discipline qui ne vous laisse pas bien longtemps dans cet état de béatitude rassurante. Je vais le vérifier à mes dépens lors de la course suivante programmée au mois de juillet avec Guillaume. Nous nous sommes effectivement inscrits au Grand Tour de l'Aneto-Posets, en Espagne. L'Aneto est le point culminant des Pyrénées et son voisin, le pic des Posets, son frère jumeau. Ces deux sommets sont séparés par une vallée et une charmante bourgade répondant au nom de Bénasque. Le tracé à la forme d'un huit qui passe donc trois fois par ce village (départ, mi-course et arrivée) en faisant le tour des deux monstres. Au total, 110 km et 7500 m de D+, le tout en haute montagne avec passage de cols à plus de 2800 mètres d'altitude et franchissement de névés (les concurrents doivent être munis de chaînes à chaussures, eh oui, ça existe…).

Guillaume a besoin de finir cette course pour valider les points manquants. Pour ma part, j'y arrive bardé de certitudes et la fleur aux chaussures, sans pression d'aucune sorte, persuadé de valider cette épreuve comme les trois dernières que j'ai terminées. Ben tiens…

Un départ à minuit dans une ambiance indescriptible avec drones et motards de la police locale pour ouvrir la route nous rappelle que nous sommes en Espagne où la ferveur populaire pour le trail et le sport en général ne se dément jamais. Je pars au rythme de Guillaume, avec même l'idée de faire une perf. Les dix premiers kilomètres s'avalent sans problème et j'aborde le premier ravitaillement très confiant. Je laisse tout de même partir mon pote et attaque le premier col à haute vitesse. Malheureusement, la montée s'avère extrêmement raide, tout comme la descente qui suit et je termine ce premier obstacle un tantinet entamé. Mais bon, pas de problème, je suis en forme. Tellement en forme que l'ascension suivante qui doit nous faire prendre 1500 mètres de dénivelé me trouve avec les premières crampes. Tiens, cela faisait longtemps. Je prends mon bouillon cube au poulet – c'est ma nouvelle martingale – et ralentit le rythme. Très vite, le sentier fait place à un pierrier interminable, suivi d'un très long névé bien gelé qui m'oblige à chaîner. L'euphorie du départ finit de disparaître quand j'apprends qu'un concurrent me précédant s'est fracturé la jambe en glissant sur la neige dure, incapable de s'arrêter avant les rochers. Le lever de soleil venté et froid termine de refroidir mes ardeurs.

La suite est un long calvaire avec 5 km de trop en suivant bêtement le gars qui court devant moi. Je n'ai pas assez étudié le road-book et comme le tracé n'est pas vraiment plat, c'est 2,5 km de montée que je dois me retaper en sens inverse. La chaleur commence à devenir lourde et je songe une première fois à l'abandon au ravitaillement tant attendu. Je suis encore dans les temps, mais l'envie n'est plus là. Je décide pourtant de repartir et parviens à relancer la machine pour attaquer une des grosses difficultés du parcours, au demeurant magnifique. L'ascension se fait de nouveau en grande partie dans un pierrier, mais qui n'a rien à voir avec la descente, véritable champ de mines. Je manque de me vautrer à plusieurs reprises et peste à haute et intelligible voix tout au long du parcours. Finalement, avisant les eaux turquoise d'un lac brillant sous le soleil estival, je bifurque, me déshabille et plonge avec délice dans l'onde fraîche et revigorante, sous le regard incrédule du concurrent espagnol qui me suit. Une rapide sieste au soleil le temps de sécher les affaires, un texto à Béa pour lui dire que je compte arrêter à mi-course et je reprends la route en marchant pour terminer la dizaine de kilomètres me séparant du village étape, profitant du paysage majestueux qui s'offre à moi.

Béa me retrouve quelques kilomètres avant d'arriver et essaie sans succès de me remotiver pour terminer, car je suis toujours dans les temps de course. Mais rien n'y fait, je n'en peux plus. Elle m'explique que Guillaume est passé dans un état de fatigue avancé, mais qu'il continue. Il est un peu obligé, le pauvre, pour finaliser ses points. Moi, je ne rêve que d'une bière fraîche et d'une entrecôte.

J'abandonne donc cette course mythique à la moitié. Certes, elle est réputée comme une des plus dures d'Europe, mais il n'en reste pas moins que j'ai échoué. Je n'ai pas abandonné à cause d'une douleur ou d'un problème somatique, mais bien à cause d'une défaillance mentale doublée d'une préparation un peu légère. Je suis arrivé trop sûr de moi et je me suis fait descendre en flammes. « Shoot down in flammes », comme dirait Brian Johnson, le chanteur d'AC/DC.

Eh bien voyez-vous, avec du recul, c'est une excellente chose que cela se soit produit à cette époque de ma progression. J'ai été profondément vexé, d'autant que Guillaume a fini (en 27 heures tout de même), d'avoir failli mentalement, mais également d'avoir pu avoir ce sentiment de toute puissance, uniquement parce que j'avais terminé les trois dernières courses. Je parlais au début de cet ouvrage d'humilité, qualité première du trailer. Eh bien, j'en ai cruellement manqué sur ce coup-là et je l'ai pris en pleine figure.

L'intérêt de ces leçons est qu'elles sont efficaces. La déception et la frustration qu'elles engendrent font naître un sentiment de revanche, tout du moins chez moi, qui a le mérite de recentrer le débat et de se reconditionner pour la suite.

***

Moins de 24 heures après, je suis de nouveau inscrit sur un autre trail, toujours en Espagne, mais au mois de septembre pour essayer d'effacer cette déception et surtout repartir sur des valeurs sûres et fiables. Nous sommes mi-juillet et j'attaque l'entraînement quelques jours après être rentré de Bénasque. Je reprends humblement, en me focalisant sur les fondamentaux comme l'on dit en rugby. Du fractionné en côte, du seuil et du long en montagne, triptyque sans originalité, mais toujours efficace pour se recentrer sur des choses simples. Cela pique les cuisses et la cage thoracique, mais c'est rentable. Et puis la claque reçue en Espagne mérite que le traitement appliqué soit épais. Je suis toujours vexé, trois semaines après et j'intensifie ces séances pour évacuer ma frustration.

L'objectif suivant a lieu mi-septembre, au sud de Vielha, toujours en Espagne et se nomme l'Ultra-Trail des Contes d'Erill. 85 km pour 5000 mètres de D+, dans une région montagneuse et forestière assez sauvage. Un nombre de concurrents faméliques au départ (170), une organisation bénévole et bien «roots», bref la bonne recette pour repartir sur des valeurs de travail et d'humilité. Je rajoute une petite difficulté supplémentaire quelques jours avant avec l'annonce de la soirée de départ d'une collègue infirmière la veille de la course à laquelle je ne peux surseoir. De toute façon, sur l'UTMB®, il y aura deux nuits dehors donc autant s'adapter.

Nous nous retrouvons donc dans un bar à Pau le vendredi soir en train de festoyer au coca avec un départ prévu le lendemain à 6 heures à 200 km de là. Vers minuit, nous quittons la cité béarnaise en voiture pour nous rendre à El Pont de Suert, charmante localité dans la vallée de la Ribagorca où nous arrivons à 2 h du matin. Nous nous installons tant bien que mal pour dormir dans la voiture sur un parking municipal, nous rappelant ainsi nos jeunes années de festayres, pas certains cependant de faire la nuit idéale avant une course de 80 bornes. Trois heures et vingt retournements plus tard, je me lève pour déjeuner et préparer mon sac.

Le départ se fait à l'aube naissante, presque incognito dans le village encore endormi. Très vite, je retrouve des bonnes sensations et me félicite d'être là. Il était vraiment important de rebondir après l'échec du mois de juillet et j'ai l'impression de conjurer le mauvais sort en courant à nouveau sur une compétition. Le parcours s'élève gentiment dans les bois, découvrant les sommets alentour entre les arbres, sous une température assez fraîche. Les premiers ravitos se succèdent et mon ressenti est agréable. Je gère correctement le rythme et l'alimentation et suis tout heureux de me retrouver dans mon élément avec ma compagne humilité à mes côtés.

La première difficulté se présente en milieu de matinée avec une ascension de 1000 mètres sous un soleil qui devient généreux. Béa m'a déjà retrouvé à deux reprises sur le parcours et sa présence me fait toujours le même effet bénéfique ; c'est presque du dopage sentimental. J'avale la montée à un très bon rythme et me régale du paysage avec le massif des Encantats en toile de fond. C'est superbe. La descente l'est tout autant et je cours assez souvent sur des monotraces souples et herbeux très agréables.

Le gros ravitaillement de mi-course se fait pourtant désirer, toujours ces incohérences entre GPS et je commence à sentir une fatigue sournoise m'envahir. J'essaie de boire et de m'alimenter autant que possible, mais je suis obligé de ralentir le rythme. Je retrouve presque avec plaisir ce sentiment «up and down», signe finalement du bon déroulement d'un ultra. Quand tout va trop bien, il faut se méfier. Je finis par apercevoir ma chérie à l'entrée d'un village et termine cette première partie de course bien entamé mais avec un moral intact. Je prends le temps de récupérer et m'assois un peu à l'ombre.

La suite s'annonce corsée avec l'ascension d'un sommet à 2500 mètres d'altitude, en traversant des pâturages et une station de ski. Le temps change et de gros nuages commencent à couronner les pics voisins. J'adopte un rythme prudent, essentiellement basé sur la marche du fait du pourcentage des pentes à gravir et m'élève sans précipitation vers le but. Le faible nombre de concurrents au départ me laisse seul la plupart du temps. Dans cet environnement, c'est très appréciable. La montée finale se fait dans le brouillard et le vent et le passage au sommet me permet de croiser trois membres de l'organisation frigorifiés, mais toujours souriants qui m'indiquent fort aimablement la direction de la descente, ce qui est bien utile dans cette purée de pois. Un sentier plonge vers l'ouest en suivant une interminable ligne de crête qui, une fois sortie des nuages, donne une perspective incroyable sur la suite de la course. On chevauche littéralement la montagne sur une croupe herbeuse où la sensation de liberté est intense. Quel plaisir de pouvoir profiter de ce spectacle grandiose, où le relief se noie dans l'horizon nuageux à l'infini. Aucune trace de civilisation humaine visible à des dizaines de kilomètres à la ronde. Quelques rapaces planent nonchalamment au-dessus de nous, nous rendant presque jaloux de la facilité de leur progression.

Au bout de trente minutes de descente, le tonnerre se fait entendre une première fois. Je sursaute, encore plongé dans ma rêverie contemplative et accélère le rythme. Je ne suis pas du tout fan de l'orage en montagne, ayant déjà été le témoin de déchaînements wagnériens très impressionnants. Un deuxième coup de semonce, plus rapproché, me secoue à nouveau. Je constate en me retournant que le noir est devenu la couleur dominante à l'arrière, contrastant avec la clarté que j'ai devant moi et j'accélère encore, assez content d'aller dans cette direction. Une course contre la météo commence, qui me jouera des tours quelques heures plus tard. J'évite la pluie, mais pas le vent qui se lève à nouveau et aperçois avec soulagement la tente jaune du ravitaillement suivant. J'y fais une halte brève, le temps d'une vérification du matériel et je repars aussitôt, pressé de mettre le plus de distance possible entre l'orage et moi. Je cours, je cours, mais j'oublie quelque peu de m'alimenter, trop occupé à regarder le ciel. Je suis quand même obligé de regarder par terre quelques minutes après, car je traverse à ma grande surprise une zone couverte de cèpes sur plusieurs dizaines de mètres carrés. La course étant ce qu'elle est et les sacs de trails étant de faible capacité, je laisse là les précieux champignons, toujours sous la menace du feu céleste. Je continue ma route vaille que vaille, un peu désappointé de laisser toute cette marchandise sur place, mais me promettant d'en parler à Béa au ravitaillement suivant.

Hélas, trois fois hélas. Une abominable conjonction d'évènements va me faire oublier cette promesse dont le souvenir reviendra le lendemain autour d'un verre de vin. En effet, comme vous le pressentiez, mon attention a été détournée de l'objectif final par des éléments extérieurs et j'ai effectivement négligé mon alimentation. Un violent coup de barre m'assaille en fin d'après-midi alors qu'il reste une trentaine de bornes à parcourir. Je suis obligé de marcher, même dans les descentes, et me fait dépasser par bon nombre de concurrents. Comme d'habitude dans ce genre de situation, le ravitaillement suivant prend un malin plaisir à s'éloigner au fur et à mesure que je m'en rapproche. Je n'arrive plus à avaler quoi que ce soit, pris de nausée à chaque bouchée. Le spectre d'un nouvel abandon se profile, ajoutant du stress à une situation déjà tendue. Mais je ne veux rien lâcher. Je m'accroche aux branches et continue à avancer. Chaque pas en amène un autre et ainsi de suite. Toujours la technique de fractionner le projet en petits tronçons, même si cette fois ils sont minuscules. La piste se redresse, mais je m'en aperçois à peine. J'avance, en panne d'essence, mais j'avance. À ce rythme, je finis par perdre du temps et les barrières horaires se rappellent à mon bon souvenir. Cela faisait un moment qu'on n'en avait pas parlé. La menace de l'orage s'est estompée, mais celle du chrono l'a remplacée. Au détour d'un énième lacet, Béa apparaît. J'ouvre les yeux et reprends pied dans la réalité. Je lui fais part de ma situation et elle me traîne jusqu'au ravitaillement, distant de quelques centaines de mètres. Je me laisse tomber par terre, épuisé.

Il faut que je mange, mais j'en suis incapable. La seule vue d'une compote me rend malade. J'ai vingt minutes devant moi, après ce sera l'abandon forcé par l'organisation. Béa va alors faire preuve d'une force de persuasion étonnante. Elle me donne la becquée patiemment, entrecoupée de «avale» et «mâche» destinés à faire tomber dans mon estomac le sucre nécessaire à ma survie. Petit à petit, j'arrive à déglutir, mais je suis cloué au sol par l'hypoglycémie. Il reste cinq minutes. Le bénévole me sourit et m'explique en espagnol que ce n'est pas grave et qu'il est préférable que je rentre en voiture. Je ne sais si c'est cette perspective ou le taux de sucre dans mon organisme qui commence à remonter, mais je me lève et fais quelques pas. Je vais repartir. Béa me regarde et comprends ma détermination. Plus que cela, elle l'approuve. Un baiser du courage et je reprends la route, titubant comme un fêtard au petit matin, mais bien décidé à ne pas rester là. L'abandon n'est pas pour maintenant. Seul problème, j'ai oublié de parler du tapis de cèpes.

La suite ne sera que du bonheur. La réactivité du corps humain m'étonne toujours. Quelques minutes après, je me sens nettement mieux. Je continue à manger, me goinfrant de sucre et de pâte d'amande. Les forces reviennent comme par enchantement et me donnent des ailes. J'ai la barrière horaire aux fesses, mais je sais que je vais reprendre du temps. Le profil est descendant sur une large piste et je recommence à courir. La nuit tombe, je suis seul, mais je vais tellement mieux que j'en pleure de joie. J'ai surmonté la difficulté grâce à mon âme sœur et à mon mental. La conjonction des deux est une recette miracle. Je ne cours plus, je vole. À la lumière de ma frontale, le ravitaillement suivant passe comme dans un rêve. Le sourire de Béa illumine un peu plus la nuit. Elle sait, comme moi, que je vais finir. Les distances semblent se raccourcir par miracle. Montées, descentes, peu importe, je reprends du temps sur le chrono. Je fais quasiment du 10 km/h sur les derniers kilomètres et retrouve El Pont de Suert avec un immense sentiment de fierté. Je traverse en courant les rues endormies et passe la ligne avec une banane énorme. 18 h 09 pour 82 km et 5000 mètres. Plus que le chrono, c'est le fait d'avoir effacé la déception du mois de juillet. Du travail, de l'humilité, du mental et de l'amour, voilà un mélange maison qui peut m'amener très très loin.

Je tombe dans les bras de Béa, salue les organisateurs et serre le poing. C'est bon de revenir au point de départ après autant d'efforts et autant d'émotions contradictoires. Une très jolie course qui m'a offert bien plus qu'un entraînement physique. Une martingale de réussite que je vais réutiliser sans me priver pour les prochains objectifs.

J'ai maintenant des points à en revendre. Je n'ai plus qu'à attendre le mois de janvier 2015 et le tirage au sort numéro deux pour la quête du Graal. Tout est parfait, à une petite exception. Ce n'est que le lendemain de la course, alors que nous étions tranquillement attablés devant une belle pièce de viande rouge à Vielha que le souvenir du tapis de cèpes est revenu. L'oubli de vingt-quatre heures m'est très préjudiciable, car la cueillette de ce champignon est élevée au rang de religion chez ma compagne. Il n'est plus possible de faire demi-tour pour rechercher la précieuse marchandise alors qu'elle aurait eu tout le loisir de le faire en m'attendant la veille. La faute est extrêmement grave et je suis dans l'incapacité de la rattraper. Je promets un retour l'année suivante sur les lieux du crime, persuadé de reconnaître l'endroit, mais le mal est fait. Il est probable que cet épisode apparaisse sur ma pierre tombale quand je serai passé de vie à trépas. Blague à part, cet épisode mycologique n'altérera bien entendu en rien l'extraordinaire complicité qui nous unit sur les ultras et dans la vie de tous les jours.

2015, l'année de la quête ?
Nous sommes le mercredi 14 janvier 2015. Il est 10 h du matin et j'ai déjà bu une dizaine de cafés. Je tourne en rond comme un trailer dans une cage, en attendant l'heure fatidique de l'annonce des résultats du tirage au sort pour l'édition 2015 de l'UTMB®. Le dossier a été envoyé dans les temps mi-décembre et depuis cette date, je ne pense qu'à ce moment. Douze ans d'attente, d'espoirs, de douleur, de plaisir, de bonheur, douze ans de vie en fait.

Le site de l'UTMB® est saturé et refuse désespérément de s'ouvrir sur la page des résultats. Inutile de vous dire que je suis d'un calme olympien, comme vous pouvez l'imaginer. Je maudis tour à tour l'informatique, le haut débit ou plutôt son absence, mon smartphone et finalement la terre entière. Guillaume est au boulot et a donc d'autres sujets d'occupation. Mais moi, je n'ai que ça à faire et l'attente est interminable.

C'est finalement Hélène, la compagne de Guillaume, qui m'appelle vers 11 heures. Elle a réussi à se connecter sur la page. Et nous sommes PRIS !

Je hurle ma joie et claque la main de Béa, inondé d'un immense bonheur. La première pensée qui traverse mon esprit est que le plus dur est fait. Eh oui, il est tellement long et difficile d'obtenir le précieux dossard que la course en elle-même m'apparaît comme secondaire à cet instant. C'est une première victoire d'être retenu pour y participer. Les textos fusent et j'annonce la grande nouvelle à tout mon entourage. Philou est sincèrement heureux pour nous en l'apprenant, même si j'ai un pincement au cœur en lui disant. Le trio de départ s'est mué en duo sur cette course, mais le plaisir de participer ensemble à d'autres épreuves est toujours intact ce qui est bien l'essentiel.

J'ai du mal à réaliser en cette fin de matinée de janvier que nous sommes inscrits pour une des courses en montagne les plus importantes au monde. Nous allons prendre le départ avec les meilleurs spécialistes de la discipline, comme si on pouvait disputer un match de tennis contre Roger Federer ou jouer un match de rugby contre les All Blacks. Cette dimension me saute à la figure à cet instant et accroit encore ma joie. J'ai Guillaume au téléphone en début d'après-midi et nous savourons tous les deux l'immense cadeau qui nous est fait.

Cette période de douce euphorie va durer une bonne semaine et je ne fais rien pour l'arrêter. Je la savoure comme une récompense de l'intense préparation qui a été effectuée depuis plusieurs années. C'est vraiment une première réussite dans ce projet fou et je m'accorde le temps d'en profiter. La course est prévue le 28 août; j'ai donc sept mois pour la préparer. Je ne suis pas dans l'urgence et je veux me laisser le temps d'y réfléchir sans pression. Il va y avoir beaucoup de facteurs à prendre en compte, qu'ils soient matériel, sportif ou mental. Ces sept mois vont être à la fois très longs et très courts. À moi de bien les gérer.

Objectif UTMB®

La préparation
La première de mes préoccupations en ce début d'année est ma forme physique. Je sais que l'éventualité d'un succès à l'UTMB® est conditionnée par l'état de ma grande carcasse, et en particulier de mon rachis. Je refais donc un check-up complet avec une quinzaine de jours dédiés aux étirements, au gainage progressif et à la musculation avant de rentrer dans le vif du sujet en matière d'entraînement. Je n'ai pas de douleur lombaire à l'effort, tout au plus une raideur matinale qui va m'accompagner pour le restant de mes jours. Je la combats avec des méthodes douces, sans forcer et m'échauffe tranquillement avant une course. Les étirements de la chaîne musculaire postérieure des membres inférieurs sont primordiaux pour garder un bon équilibre du bassin. J'en ai déjà parlé, mais il est très important d'avoir cette notion à l'esprit, car un gainage intensif, mais isolé, peut conduire à créer un déséquilibre postural responsable de douleurs lombaires. Je ne refais pas d'examens radiologiques, car je n'ai pas mal et on ne soigne pas des images.

Le mois de février me voit reprendre la course tranquillement. Les randonnées hivernales en raquettes et snowboard sont toujours un complément idéal de préparation physique. Je fais surtout attention de ne pas me blesser. Je compte progresser physiquement pendant les mois qui viennent, mais je ne vais pas me transformer en Formule 1. Ma Vo2max est ce qu'elle est et je n'ai pas l'intention d'égaler Kilian

Jornet au mois d'août. Je m'imprègne progressivement du parcours en consultant le site internet de l'UTMB®, très exhaustif et rempli d'informations pratiques. J'imprime la carte et le profil de l'épreuve et les affiche dans la maison, comme un rappel quotidien de l'objectif. Je prévois deux ultras avant le Mont-Blanc : l'Ultra du Pas du Diable dans le Larzac et l'Ultra-Trail du Puy Mary vers Aurillac. L'objectif de ces deux courses est uniquement de parfaire la préparation en testant tout le matériel. Je n'ai aucune contrainte de résultat derrière.

J'ai l'impression d'entrer progressivement dans l'UTMB®. L'imaginaire travaille activement en mêlant les images connues de la région de Chamonix avec les photos aperçues au fil des recherches sur internet et les récits de course. Je m'approprie l'épreuve petit à petit, sans pression excessive, mais avec le sentiment de toucher du doigt quelque chose de grand. Je commence à organiser la check-list de tout ce qu'il faut préparer pour le jour J.

Guillaume Millet donne ce conseil très judicieux dans son livre concernant la préparation de l'UTMB® : il faut faire en sorte que toute la logistique et l'organisation pratique de l'épreuve soient calées un mois avant, de telle façon à libérer l'esprit de ces contraintes pour pouvoir se concentrer uniquement sur la course. J'ai réservé à l'avance un logement sur Chamonix avec une option d'annulation en cas d'échec au tirage au sort. Je m'empresse d'appeler le propriétaire dès les résultats connus pour valider la réservation. Dans le même temps, nous achetons des billets d'avion Pau-Lyon et optons pour la location d'une voiture afin de rallier Chamonix.

Vient ensuite le temps du matériel. Une très grande part est déjà en ma possession, mais j'affine les détails et commande les chaussures et les vêtements les plus techniques imposés par l'organisation. La liste du matériel obligatoire peut paraître démesurée, mais il est judicieux de rappeler que nous sommes amenés à évoluer en haute montagne avec des conditions climatiques pouvant changer du tout au tout, de jour comme de nuit. Je préfère avoir un kilo de matériel en plus sur le dos et terminer ma course dans de bonnes conditions plutôt que de chasser le gramme et prendre des risques. Je suis aidé dans cette entreprise par Laurent Galinier, ancien duathlète international reconverti dans le commerce d'articles de course à pied, dont les précieux conseils me sont très utiles.

Je prévois également un allègement de mon activité professionnelle la semaine précédant la course. Les gardes de nuit dans un service d'urgences sont en soi une préparation à un ultra, car nous nous habituons à gérer un sommeil fractionné et bref, mais ne sont pas pour autant indiquées deux jours avant le départ. Il est vrai que cette habitude de dormir sur des tranches très courtes, comme les marins, permet une résistance accrue au manque de sommeil imposé par l'ultra endurance. J'en ferai l'expérience sur l'UTMB®.

Je ne ressens pour l'instant pas d'inquiétude particulière, il faut dire que l'échéance est encore lointaine. Mais certains matins, au réveil, en ouvrant les yeux sur le profil de la course affiché dans notre chambre, je suis pris d'une sorte de trouille viscérale devant la démesure de l'entreprise. Comment vais-je bien pouvoir faire pour venir à bout de cette folie et surtout, qu'est-ce qui m'a pris de me lancer dans une telle aventure ? Ces périodes de doutes sont très brèves et ne se répètent pas trop souvent. L'impression globale est plutôt celle d'être en mission avec un objectif bien précis à atteindre. Ce qui n'était au départ qu'un moyen de combattre la sinistrose due à mon problème lombaire s'est transformé au fil des années en un objectif de vie et une philosophie associant le corps à l'esprit. Pour citer encore Albert Bosch : « Vivre, pour se sentir vivant. » Et je rajouterai : « et en bonne santé ». Je suis en effet beaucoup plus conscient chaque jour de la chance que j'ai de pouvoir réaliser tous ces efforts physiques. Je me suis donné les moyens de pouvoir le faire, mais j'ai surtout le grand bonheur de ne pas être confronté à une pathologie grave. Comme je l'ai déjà écrit dans ma comparaison avec le diabète, la lombalgie est pénible, mais sans gravité. Mon métier d'urgentiste me montre chaque jour la cruauté de l'existence pour certaines personnes et me permet de relativiser beaucoup de petits tracas quotidiens. Je mesure à chaque instant la chance que j'ai de pouvoir me tendre vers cet objectif du Mont-Blanc, en pleine possession de mes moyens physiques et intellectuels. C'est là encore un dopant naturel qui n'est pas inscrit sur la liste des produits interdits et dont j'abuse avec délice.

L'information de notre projet UTMB® commence à se propager aussi dans notre entourage professionnel, familial et social. Ce que beaucoup prenaient pour une lubie sans fondement prend corps et l'inscription et l'attribution d'un dossard matérialisent l'affaire. L'étonnement, voire la condescendance, domine chez ceux qui me connaissent mal et qui ne peuvent imaginer un tel volume corporel se déplacer sur une aussi longue distance. Je vous l'ai déjà dit, mais mon gabarit, même si j'arrive à un poids de forme de 90 kg, ne me prédispose pas à l'ultra endurance. Dans le même temps, il se crée au boulot une sorte d'engouement pour notre projet (Guillaume est aussi urgentiste) qui nous porte et nous motive encore plus. La reconnaissance des autres amène aussi de la satisfaction et j'avoue ne pas m'en priver. Mais il est souhaitable de ne pas décevoir une telle attente. Un peu de pression en plus ?

Ce rapport aux autres et à leur jugement me questionne un peu. Je ne vis pas en ermite et je suis sensible à ce que mes amis pensent de moi, même si cela ne m'empêche pas de dormir. Ce qui me préoccupe le plus, en cas d'échec, vis-à-vis du regard de mes proches, serait d'avoir manqué d'humilité et de m'être rendu coupable de vantardise. Je ne supporte pas ceux qui se croient supérieurs et je n'ai donc pas envie de leur ressembler. C'est un élément qui s'ajoute à tous les autres pour construire le chemin qui doit me mener au bout de l'UTMB®. Et ce qui devait être très simple au départ dans la finalité de l'objectif, fait finalement appel à beaucoup d'autres notions et rend le projet plus riche et plus complet. La philosophie globale de la démarche se modifie au fil du temps, en se complexifiant, mais aussi en prenant de la valeur. Concept intéressant pour la réalisation de projets futurs.

Après ces données un peu généralistes, entrons, si vous le voulez, dans le vif du sujet. J'ai décidé, après une longue réflexion, de m'inspirer d'un plan d'entraînement sur seize semaines, fruit de la mise en commun de plusieurs schémas piochés dans la littérature. L'idée est de monter en puissance progressivement en augmentant petit à petit le nombre de séances et leur intensité, en commençant par trois séances hebdomadaires puis quatre, puis cinq et en diversifiant autant que possible le type de pratique.

Je garde le quatuor habituel séance de fractionné en côtes, séance au seuil, séance à jeun et sortie longue. Les séances de fractionné se font sur trois parcours variés : une montée de 1 mn 20 s, une de 3 mn 30 s et une de 6 mn 30 s, le nombre de répétitions allant de trois à dix en fonction du degré de pente. Mes séances à jeun consistent à aller travailler en courant, soit 12 km en un peu plus d'une heure et les séances au seuil se font dans les collines derrière la maison sur un mode fartlek pendant 1 h à 1 h 30. Pour les entraînements longues distances, je privilégie les parcours montagneux entre 3 et 6 heures, avec au moins 1500 mètres de dénivelé positif. À ce programme déjà bien complet, je prévois d'ajouter les deux ultras dont j'ai parlé précédemment et deux week-ends chocs. Les week-ends chocs, qui ne se font pas forcément en fin de semaine, consistent à enchaîner deux sorties longues en montagne sur deux jours d'affilée afin de s'entraîner à courir quand la fatigue se fait sentir. On travaille une sorte de mémoire de l'effort qui nous replace un peu dans les conditions d'un ultra.

J'ai mon programme, comme pour les révisions du bac, j'ai bouclé la logistique et l'organisationnel, il ne me reste plus qu'à bosser. Pas le plus simple, me direz-vous, mais surtout le plus excitant. Dès le début de cette préparation physique, en avril, il me tarde d'en découdre. J'ai envie de me mesurer au monstre et j'emmagasine une motivation énorme à chaque entraînement. Je pensais avoir du mal à me projeter si longtemps à l'avance, mais il n'en est rien. Je sais que chaque pas accompli me rapproche du but et me prépare un peu plus.

Il ne faut pas perdre de vue une autre notion importante. Comme vous vous en rendez compte, le volume d'entraînement devient conséquent et à 45 ans, le risque de blessure par excès non négligeable. Certes, je fais tout mon possible pour préserver mon rachis et l'ensemble de mes articulations, mais je n'ai plus 20 ans et mes capacités de récupération diminuent. Cela ne sert à rien d'ignorer son âge, vous ne gagnerez pas. Il est très important, voire indispensable de s'accorder des périodes de repos complet, en particulier après un ultra ou un week-end choc. Les fibres musculaires, les tendons, les articulations et votre corps dans sa globalité ont besoin de souffler par moments. C'est une partie intégrante du programme de travail sur un objectif à moyen ou long terme. De la même façon, il est utile de diminuer la charge de travail au moins trois semaines avant l'échéance, pour arriver en pleine possession de ses moyens le jour J. Un ultra ne se gagne pas la dernière semaine précédant la course, mais peut très bien se perdre pendant cette période. Comme le bac...

C'est donc fin avril que j'ai prévu le premier ultra de l'année : l'Ultra du Pas du Diable. Tout un programme. On nous promet 130 km, 6500 m de D+ et la traversée de plusieurs grottes et gouffres aux confins du Gard et de l'Aveyron. Nous partons avec Béa pour cette aventure tous les deux, inséparables compagnons de trail et de vie. L'arrivée à Saint Jean du Bruel est pourtant plombée par une triste nouvelle qui relativise beaucoup l'importance donnée à ce week-end. Pourquoi la vie prend-elle plus de valeur quand la mort frappe un proche ? Nous devons être en permanence conscients de son côté éphémère pour en profiter à chaque instant. Mais comme pour l'expérience en trail, on a tendance à oublier ce précepte quand le temps efface les souvenirs douloureux.

Le départ matinal et nocturne se fait sous un ciel couvert, sans pluie, et attaque d'emblée dans du très raide. Les dénivelés ne sont pas énormes, mais le terrain très cassant. Je dois m'arrêter à plusieurs reprises, car j'ai développé depuis quelques mois un problème au pied droit, appelé syndrome de Morton, correspondant à l'irritation d'un petit nerf qui s'occupe de la sensibilité du troisième orteil. Cela provoque des douleurs assez intenses localisées sur l'orteil en question et oblige à se déchausser pour masser la zone quelques secondes. Un pépin de plus, mais qui semble assez fréquent chez les pratiquants de la course longue distance. J'ai appris à gérer ce désagrément et j'utilise ces arrêts obligés pour m'hydrater et m'alimenter. J'ai repoussé le traitement qui consiste à infiltrer la zone, car je ne veux prendre aucun risque iatrogène cette année. Quelques séances d'ondes de choc chez mon ami Ruffin améliorent un peu les choses.

Et de manière étonnante, après 30 ou 40 km, la douleur finit par s'estomper.

Je continue donc mon bonhomme de chemin, admirant le paysage qui se lève entre deux pensées sur la vie et découvrant par la même occasion cette magnifique région du Larzac. La matinée s'étire tranquillement, calme et silencieuse, et je cours souvent seul, le nombre de concurrents au départ étant très limité. C'est vers le trentième kilomètre qu'apparaît la première grotte. La course se transforme en parcours de spéléo avec cordes, échelles et pas d'escalade, le tout à la frontale pour arriver à s'extirper du boyau de pierre. Expérience intéressante, mais qui ralentit sérieusement la moyenne horaire. Vient ensuite le clou du spectacle avec le Pas du Diable, encore appelé Abîme de Bramabiau, sorte de gigantesque faille qui s'enfonce dans la montagne et que l'on gravit de l'intérieur par un système de passerelles et d'escaliers, jusqu'à ressortir à l'air libre quelque 200 mètres plus haut. Assurément l'un des plus beaux passages qu'il m'ait été donné d'admirer sur une course.

La suite est plus monotone et moins visuelle avec l'arrivée d'un brouillard humide qui recouvre petit à petit les sommets et accroche les forêts. Nous traversons néanmoins de très jolis hameaux isolés, au cœur d'une nature sauvage et encore préservée. Mais une douleur sur l'avant de la cheville vient bientôt mettre un peu de piment dans cette routine. Je diagnostique bien vite une tendinite du releveur du pied et décide de ne pas forcer pour ne pas créer une lésion plus grave. L'explication est assez simple, car je teste de nouvelles chaussures associées à de nouvelles semelles sur cette course. Les entraînements précédant la course ne m'avaient pas permis d'identifier le phénomène, mais j'arrive tout de même au soixante-dixième kilomètre et il est logique que la douleur se manifeste s'il existe un problème d'équilibre postural et podal. Je ralentis la cadence, d'autant que la nuit tombe et que le crachin s'intensifie. Je sais qu'un ravitaillement se profile et que je vais en profiter pour faire le point. Un coup de fil à Béa pour l'informer de la situation et j'attaque une rude montée dans une purée de pois opaque. La lumière de la frontale devient vite gênante, car elle se reflète dans les gouttelettes d'eau et crée un halo éblouissant qui m'empêche de deviner les balises. Je m'égare plusieurs fois et commence à pester, quand il me semble entendre le bruit d'un groupe électrogène. Je sais que ce ravito est isolé et il est logique que l'organisation ait installé une source d'alimentation. Seul problème, je l'entends, mais ne le vois pas. Par miracle, je retrouve une balise et reprends contact avec l'itinéraire. Mais celui-ci s'éloigne du bruit. Mystère incompréhensible qui commence à m'agacer prodigieusement. Il pleut, je ne vois rien, j'ai mal au pied et je suis planté au milieu de nulle part, avec un ravitaillement à moins de cent mètres, mais que je suis incapable de localiser. Je rappelle Béa (je n'ai toujours pas compris comment il pouvait y avoir du réseau dans cet endroit) qui se renseigne auprès de l'organisation et me donne la solution. Le sentier s'éloigne du point d'étape pour contourner une zone rocheuse et y revient après avoir fait un sérieux détour. Satisfait de la réponse, je reprends ma marche en avant, prudemment car le terrain est une vraie patinoire et finit par tomber sur le ravitaillement d'où arrive une odeur bien agréable. Et pour cause, les trois bénévoles qui gardent l'endroit font mijoter depuis la mi-journée un ragoût de viande au fumet divin. Je rentre dans la tente surchauffée et me laisse tomber sur une chaise, heureux d'avoir trouvé ce havre de chaleur. Un autre concurrent est assis avec une couverture de survie sur les épaules et le bras en écharpe. Renseignements pris, il a glissé sur un rocher et s'est fait mal à l'épaule. Il ne peut plus continuer et attend qu'un 4X4 de l'organisation monte le récupérer. Nous sommes éloignés de tout et l'accès ne se fait que par des pistes défoncées, ce qui rend les rapatriements longs et difficiles.

 Je commence à discuter avec les bénévoles et me laisse envahir par la douce chaleur de l'endroit. Ils m'expliquent qu'il reste 40 km environ pour rallier l'arrivée dont 10 très techniques pour aller jusqu'à la base de vie où m'attend Béa. Il fait nuit, il pleut, j'ai une tendinite du releveur du pied gauche et surtout, il y a le ragoût. Dès mon arrivée sous la tente, ces braves gens m'ont proposé une assiette. J'ai décliné initialement, ne sachant pas encore qu'elle serait la suite de mon programme. Il m'apparaît désormais évident que je vais arrêter là. Pas la peine de prendre des risques à quatre mois de l'UTMB®. Je préviens Béa pour lui dire que je stoppe les frais et lui donne rendez-vous à l'hôtel plus tard dans la nuit. La pauvre a attendu des heures pour rien au niveau de la base de vie en grignotant un mauvais sandwich, alors que je vais m'envoyer une grande assiette de ragoût arrosée d'un verre de Pic Saint-Loup. Pas pire que le tapis de cèpes, mais néanmoins fort injuste pour elle. Il faudra que je me fasse pardonner, mais en attendant, j'attaque avec délice l'assiette fumante posée sur mes genoux. Un autre concurrent arrive quelques minutes après et reste sans voix en voyant un trailer se restaurer avec des aliments peu orthodoxes sur une course. Il m'incite à repartir, mais je décline l'invitation, car une deuxième assiette vient de m'être proposée. Si ça continue, je vais dormir ici. Au bout de trois quarts d'heure, un 4X4 arrive enfin et propose de nous redescendre. Nous acceptons bien volontiers, mais devons attendre que le conducteur s'alimente et se réhydrate lui aussi. L'ambiance commence à vraiment devenir sympa et je vois le moment où l'on va tous rester là à manger et boire des coups. Mais l'arrivée d'autres coureurs met un terme aux agapes et nous reprenons le chemin chaotique du retour, finalement très heureux du dénouement. Cet abandon n'est pas un échec, juste une précaution et un test en vue des prochaines échéances. J'espère que la tendinite du releveur ne va pas me gêner trop longtemps.

Mes chauffeurs me déposent au village et je regagne l'hôtel en boitillant. Pas de regrets de ne pas avoir fini, au contraire, je suis satisfait d'avoir arrêté à temps, bien aidé il est vrai par les circonstances. La mauvaise nouvelle du matin est un peu digérée et c'est l'esprit apaisé que je m'endors à côté de ma belle. Encore une expérience emmagasinée pour l'échéance de fin août. Il me reste une course à préparer puis ce sera l'objectif final.

L'Ultra-Trail du Puy Mary (UTPMA) a lieu fin juin. J'ai donc encore deux mois de préparation classique. Je prends quinze jours de repos complet pour récupérer de la tendinite qui s'efface assez rapidement. Je me bénis encore d'avoir stoppé mon effort à temps sur le plateau du Larzac. Je peaufine mon matériel durant cette période et m'assure que tout l'organisationnel est au point. Je continue à m'imprégner du parcours de l'UTMB®, essayant de mémoriser les lieux, les distances et les dénivelés. Béa pense que c'est inutile, mais cela me rassure et me donne l'impression de mieux maîtriser le parcours. J'essaie, peut-être trop, de tout contrôler pour réduire au maximum l'impondérable. Vœux pieux qui me permettent d'avoir un sentiment de sérénité, mais qui s'avérèrent assez inefficaces.

Le programme d'entraînement reprend assez vite sa place selon une routine bien rodée en tenant compte le moins possible des conditions météo. Je sais que cette dernière est particulièrement changeante dans le massif du Mont-Blanc, en témoignent les dernières éditions et je m'oblige à sortir, quel que soit le temps. J'essaie aussi de varier les horaires de courses pour forcer mon corps à s'adapter, de jour comme de nuit. Les tests de matériel se poursuivent, en particulier concernant les autonomies des différents objets connectés. Ce n'est pas fastidieux, c'est juste un ensemble de choses qui s'articulent entre elles pour façonner la réussite du projet. En clair, je ne laisse rien au hasard. J'anticipe même une éventuelle grève de l'aviation civile en calculant les trajets en train et en voiture pour aller jusqu'à Chamonix.

Nous sommes maintenant fin juin et en partance pour l'UTPMA avec Guillaume et Philou. D'autres potes se joignent au périple et c'est à six que nous allons prendre le départ des 105 km à Aurillac. Auparavant, je réussis à imposer à mes acolytes une étape à Castelnaudary en mentant sur les distances, ceci dans le seul but de nous approvisionner en cassoulet pour l'UTMB®. Eh non, cette lubie n'est pas passée. Le détour est de taille, mais le plaisir d'un joyeux repas d'avant-course fait oublier le désagrément. Nous repartons le lendemain pour Aurillac lestés de trois kilos de cassoulet en boîte bien rangés au fond du coffre. Tel Obélix qui ne se déplace jamais sans ses sangliers, j'emmène avec moi mon indispensable dopant alimentaire.

Nous sommes accueillis en banlieue d'Aurillac dans un gîte magnifique avec une météo fraîche, mais belle. Le départ est fixé à minuit pour une durée d'effort estimée à vingt-quatre heures en ce qui me concerne. Les préparatifs d'avant-course se déroulent sans problème et c'est débarrassé de toute pression que je m'aligne au départ tout fier de ma nouvelle ligne. J'ai en effet perdu un peu de poids, ce qui relève de l'exploit, même si je suis encore très loin de ressembler à Guillaume. On se satisfait de ce que l'on a.

La nuit est magnifique et les premières heures se passent tranquillement, au milieu des collines boisées. C'est au petit jour que nous commençons à gagner de l'altitude pour découvrir au loin la chaîne des Puys. Le ruban de frontales qui s'étire dans le noir est toujours un spectacle étonnant qui laisse perplexes les nombreux bovins peuplant la région. Je cours à un rythme régulier, m'arrêtant de temps en temps pour soulager mon orteil, mais sans autre souci. La suite de la course va pourtant être d'un tout autre acabit. Le terrain devient plus technique et surtout les pentes de plus en plus raides au fur et à mesure que nous approchons des Puys, points culminants du parcours. La moyenne horaire s'effondre et je me mets dans ma bulle pour attaquer les premières grosses difficultés.

C'est l'ascension du Puy Mary qui s'avèrera la plus dure. Une sorte d'escalier conduit au sommet, droit dans la pente, mettant les cuisses au supplice. Le souffle est court et les bras tétanisés à force de pousser sur les bâtons. C'est vraiment raide. La récompense est pourtant à la hauteur de l'effort fourni. La vue à 360° de la croix sommitale est tout simplement splendide, un vrai tour d'horizon sans limites. Je profite quelques instants de ce spectacle pour reprendre mon souffle et m'alimenter. D'autant que la suite s'annonce corsée. Il s'agit d'un parcours de crêtes qui semblait plat sur le profil, mais qui s'avère être composé d'une succession de « coups de cul » sur un terrain des plus technique où il n'est pas rare de devoir mettre les mains. Qu'importe, la vue est tellement belle. L'effort est intense et je commence à être dans le dur, mais à chaque fois que je lève la tête, je reprends une bouffée d'énergie en regardant le paysage.

J'ai retrouvé deux compagnons de route chemin faisant et nous décidons de courir ensemble tant que nos rythmes restent communs. Malheureusement, dans la descente menant au ravitaillement de la mi-course, je casse un bâton, ce qui équivaut chez moi à perdre une chaussure. Je me suis tellement habitué au fil des années à utiliser ces précieux appendices pour soulager mon dos que je suis quasi handicapé en leur absence. C'est pour cette raison que je ne ferai jamais la

Diagonale des Fous à La Réunion, car ils y sont interdits. Je poursuis tant bien que mal la descente et rejoins Béa au gymnase où nous attendent les victuailles réconfortantes du ravitaillement. J'en profite pour récupérer une nouvelle paire de bâtons et me refaire une santé. J'ai le temps, je n'ai pas de douleurs et même si je suis un peu entamé, je vais continuer sans soucis.

Béa m'accompagne (ma compagne) sur les premiers hectomètres bien raides puis je prolonge seul. Mes compagnons de tout à l'heure sont devant ou derrière, je ne sais plus, mais la solitude ne me pèse pas, bien au contraire. J'aime tellement ces moments de communion avec la nature, sans interférences, juste dans l'effort et la contemplation. Mais la suite s'avère vite relever plutôt de l'effort, car le parcours nous impose de gravir un tas de cailloux aride dont j'ai oublié le nom. Un pas devant, deux en arrière et les noms d'oiseaux qui vont bien pour baptiser l'infortuné qui n'a rien demandé. Cela fait partie de la course.

Une fois passé ce laborieux obstacle, les rondeurs du Cantal reprennent leurs droits (non, ce n'est pas un oxymore), et les kilomètres s'enchaînent tranquillement. Les barrières horaires sont loin derrière et je cours avec mes deux acolytes, meublant le temps quand la pente le permet. Cela nous amène gentiment à la tombée de la nuit et sur le dernier tronçon qui nous permet d'apercevoir les lumières lointaines d'Aurillac. Pourtant, une mauvaise surprise nous attend. Au moment où nous rentrons dans la ville, satisfaits de notre parcours et soulagés d'en finir, un homme en jaune de l'organisation muni d'un sens interdit nous barre la route et nous renvoie à l'opposé pour l'ascension d'un dernier «puech», que nous avions tous oubliés. Toujours bien lire le road-book jusqu'à la fin ! Il nous reste effectivement quatre kilomètres et 400 m de dénivelé à nous enfiler avant de rentrer. Inutile de vous dire que l'organisateur doit encore entendre les douces paroles que nous avons murmurées à son encontre. Quelle torture imposée que de repartir pour un tour alors que nous sentions déjà la bière fraîche ! J'avoue que j'ai peu goûté cette dernière ascension nocturne, trop occupé à ruminer ma déception de ne pas en avoir terminé. Mais tout a une fin et nous arrivons tout de même au bout de notre périple, en un peu moins de vingt-quatre heures, sans blessure et finalement heureux de boucler ce magnifique parcours. Les lignes d'arrivée effacent beaucoup de désagréments quand elles sont franchies.

Et voilà, fin des compétitions préparatoires. Il reste deux mois pile avant le Mont-Blanc. C'est beaucoup et peu à la fois. Mais l'essentiel est toujours préservé : mon dos va bien. Je réalise à ce moment que je n'ai pas pris d'anti-douleurs ni d'anti-inflammatoires depuis de nombreux mois. Depuis ma dernière alerte douloureuse, en fait, soit près de trois ans. Quand je pense que quelques années auparavant, je boulotais des anti-inflammatoires comme des sucres d'orge à m'en détruire l'estomac, je mesure les progrès accomplis grâce à cet ensemble de choses mises en place pour lutter contre le mal du siècle. Et j'en suis à la fois fier et heureux. Le sport comme traitement, voilà une belle manière de ne pas dépendre uniquement de l'industrie pharmaceutique. Le sport, mais aussi le mental et cette force intérieure qui me poussent à me relever à chaque fois que je tombe et qui se régénèrent au fil des épreuves.

Je profite de cette parenthèse pour dire un mot de l'automédication en ultra endurance. À mon sens, elle est à proscrire, car la douleur fait partie du jeu, mais est aussi une forme de baromètre de notre état clinique du moment. Vouloir la diminuer en prenant un traitement est dangereux, car on masque les signes avant-coureurs d'une blessure et surtout, on s'expose au risque d'insuffisance rénale, en particulier avec les anti-inflammatoires. Ces médicaments ont en effet une toxicité rénale qui augmente avec la déshydratation plus ou moins inhérente à un effort prolongé. Les risques de finir en dialyse ne sont pas négligeables et le jeu n'en vaut vraiment pas la chandelle. Une course nature se pratique de façon naturelle.

Mais revenons à l'objectif. Je vais bien, tout le matériel est prêt, je connais le parcours presque par cœur, bref, tout roule. Mais la pression monte, insidieuse. Pour la combattre, je cours. Je respecte néanmoins mon plan de vol, mais cela me permet de ne pas rester inactif à gamberger sur mes chances de réussite. Un dernier week-end choc dans le Val d'Aran mi-juillet qui finit de me rassurer sur ma condition et j'aborde la dernière partie de ma préparation en diminuant progressivement la charge de travail. Les chiffres donnent le tournis, tout du moins en ce qui me concerne. Depuis le mois de janvier, j'ai parcouru un peu plus de 1500 km et gravi pas loin de 18 000 mètres de dénivelé. Certes, je suis très éloigné des charges d'entraînements de Kilian Jornet, mais cela tombe bien, car je n'ai pas l'objectif de boucler l'UTMB® en 21 heures. La différence entre les coureurs d'élite et le quidam comme moi est énorme (en moyenne deux fois plus de temps sur les courses), mais quel autre sport permet de se mesurer aux mêmes difficultés en même temps ? N'en déplaise à Sébastien Chaigneau, excellent trailer français qui ne comprend pas qu'on termine le tour du Mont-Blanc à moins de 4 km/h de moyenne. La grande majorité des coureurs approuve ce mélange d'amateurs et de professionnels réunis pour partager un effort commun.

J'espère juste que tous ces kilomètres me permettront de toucher le Graal. Plus l'échéance approche et plus je suis pollué par cette peur de ne pas terminer. J'ai beau essayer de me raisonner, dès que mon esprit s'évade, elle revient sournoisement à l'attaque. C'est Tom, un de mes potes urgentistes pratiquant l'hypnose thérapeutique, qui va m'apporter la solution. Je vous rassure, il ne s'agit pas de me faire endormir avec un pendule, juste de trouver des ancrages psychologiques auxquels se raccrocher quand le doute ou la fatigue s'installent. Il se trouve que pour moi, l'ancrage sera une main sur le cœur avec la pensée d'un grizzly courant librement dans la forêt canadienne. Je vous fais grâce du cheminement pour en arriver là, chacun doit trouver le sien. Mais Tom a su créer chez moi cette aide intérieure que je vais utiliser à de nombreuses reprises. Il m'a permis de faire cette démarche en me mettant dans les conditions idoines pour y arriver. Sois remercié mille fois pour ce cadeau qui va me servir à moult reprises.

Je crois avoir fait le tour de tous les éléments mis en place pour préparer l'Ultra-Trail du Mont-Blanc®. Nous sommes fin août, le D Day approche et je me sens prêt. Nous avons pris l'avion pour Lyon, Béa, Guillaume, Robin, Patrice et moi, puis nous avons rallié Chamonix en voiture. Robin a décidé de se joindre à l'expédition au début de l'été. Mathilde ne se sent pas les quarante-huit heures de suivi de course et préfère rester à Pau, mais je sais que je peux compter sur son soutien infaillible. L'étreinte qui nous a rassemblés au départ de Pau en dit long sur les liens qui nous unissent à un âge où une adolescente n'a pas forcément envie de se jeter dans les bras de son père.

Après avoir pris possession de l'appartement, nous sortons déambuler dans Chamonix, pour nous imprégner de l'ambiance. Difficile d'échapper à l'UTMB®, il est partout. Nous allons récupérer nos dossards avec Guillaume. Tout est parfaitement organisé. Matériel obligatoire, sacs pour la base de vie de Courmayeur, derniers conseils avisés des organisateurs, un véritable petit parcours qui nous projette un peu plus dans la course. Guillaume a le 760 et moi le 815. Ce bout de papier représente tellement de choses pour moi à cet instant que je le tiens dans la main comme une pierre précieuse. Et je me fais la promesse que personne ne me l'enlèvera avant la ligne d'arrivée. Vais-je me parjurer ?

Nous rentrons à l'appartement pour notre traditionnel repas d'avant-course avec le cassoulet. Quel bonheur ! C'est aussi une forme d'ancrage, une sorte de talisman alimentaire qui nous renvoie une pensée positive. Vous trouvez sûrement que depuis quelques semaines j'accorde une grande importance à la psyché de l'évènement. Mais je crois que cet aspect est primordial. La préparation physique est derrière moi et je ne peux plus rien y changer. J'ai en quelque sorte rempli cette partie du contrat. Je sais par contre que le mental va jouer maintenant un rôle prépondérant dans la réussite du projet. C'est pourquoi j'y consacre autant d'importance.

Nos hôtes, charmants, promettent de nous suivre via internet. Il existe en effet un site permettant de voir la position des coureurs quasiment en temps réel. Je sais que beaucoup d'amis vont pouvoir regarder nos pérégrinations grâce à cette application, mais je suis loin d'imaginer l'engouement qu'elle va susciter. La dernière nuit dans un lit est bien agréable et je trouve le sommeil sans trop de difficultés, à ma grande surprise. Le matin ensoleillé nous réveille et promet un week-end de beau temps. Encore un souci de moins et un présage de bon augure. La météo est par définition un phénomène non maîtrisable, mais qui occupe beaucoup l'esprit des coureurs quelques jours avant une course. Ce n'est pas la même approche de faire le tour du Mont-Blanc sous un beau soleil ou dans le brouillard et la neige. Un petit tour au salon du trail, gigantesque barnum des marques et une désagréable surprise en rentrant à midi, histoire de penser à autre chose. Quelques jours avant le départ, Robin s'est fait retirer une vis dans un os du pied posée en janvier après une fracture. La cicatrice s'est un peu enflammée, mais sans signe de gravité. Pourtant, ce matin, il se plaint d'avoir mal et du pus s'écoule. Ni une, ni deux, Béa l'emmène aux urgences de Chamonix, un comble pour des urgentistes, où il bénéficie d'un lavage complet du foyer opératoire avec méchage et mise sous antibiotiques. Il a senti passer l'affaire, mais il est costaud mon grand. Prise en charge excellente et un grand merci au passage à l'urgentiste chamoniarde de garde ce jour-là. Ils reviennent pour le déjeuner et je souffle à l'idée qu'il va guérir et pouvoir suivre la course, car il est venu pour ça. On mange normalement, on se couche pour une sieste qui ne vient pas et on se met à préparer méticuleusement notre matériel. Les gestes sont automatiques et nos pensées sont déjà sur la ligne de départ. Peu de mots, mais une grande complicité nous unit tous à cet instant. Le sac, le matériel obligatoire, le GPS, les batteries, les frontales, l'alimentation, le soin des pieds et toute une ribambelle de détails d'une importance capitale.

    Nous quittons l'appartement vers 17 h pour rejoindre la place du Triangle de l'Amitié et le sas de départ. Il fait beau et chaud. Nous marchons lentement et silencieusement. Un coup de fil de Philou pour nous souhaiter bonne chance nous touche beaucoup. Ma voix s'étrangle et je sens l'émotion m'envahir. Béa me prend la main. Moment intense. Nous approchons du départ et la cohue s'intensifie. Nous nous frayons un passage pour accéder à la zone de contrôle et cherchons un coin d'ombre en attendant le top. Nous y sommes !

    Alors, on y va ? Chiche !

La quête du Graal
Je viens de passer le portique de départ. Je marche en faisant attention de ne pas trébucher ou prendre un coup de bâton. Impossible de courir pour l'instant vu la densité de concurrents au mètre carré. On commence à trottiner au bout d'une centaine de mètres. La foule est immense, massée le long des barrières canalisant la course. Cris, hurlements, encouragements, applaudissements, tout y est. Mon cœur s'est un peu ralenti et l'excitation du départ s'estompe progressivement pour laisser place à la concentration sur l'instant présent. Je savoure le simple fait d'être en train de courir au départ de l'UTMB®. Après 500 mètres, j'aperçois Béa, Robin et Pat qui m'encouragent bruyamment. Un salut de la main, un sourire et je les vois s'éloigner en me retournant. On se reverra aux Contamines si tout va bien. Je repense à tous les textos que j'ai reçus avant de partir et je suis comblé par tous ces témoignages. Je ne cours pas seul et je suis galvanisé par ces présences virtuelles.

On sort de Chamonix et la route s'élargit, permettant une course plus rapide. J'essaie de rester aux alentours de 9 km/h, sans forcer. Le départ sans difficulté de l'UTMB® est un piège dans lequel tombent beaucoup de coureurs chaque année en partant trop vite. Je regarde régulièrement le Mont-Blanc ensoleillé pour détourner mon attention du chemin et m'obliger à ralentir un peu. Je suis dans l'économie à tout prix. J'ai pour objectif d'arriver à St Gervais à 21 h 20, soit 40 mn avant la barrière horaire. 21 km et 950 m de D+ en 3 h 20 si tout va bien. J'ai bien calculé tout ça avant de partir. Je sais que les barrières vont devenir plus larges au fur et à mesure que la distance s'allongera. Mais il faut trouver en ce début de course le juste équilibre entre économie d'énergie et vitesse suffisante.

Il y a du monde, mais on court sans problème. La piste est large et oscille dans la forêt jusqu'aux Houches, premier ravitaillement liquide. De très nombreux spectateurs sont encore massés sur le bas-côté, applaudissant sans relâche les concurrents. Je souris en permanence, tellement heureux de vivre ces instants. Je n'arrête pas de me répéter que je suis en train de courir l'UTMB®, comme pour m'en persuader un peu plus et chasser l'hypothèse que c'est un rêve. Je marche vite dès que la pente s'accentue et cours très relâché quand ça descend. Je reste vigilant sur ma prise d'appui, redoutant plus que tout une entorse ou une chute qui ruineraient mes espoirs de terminer.

Un petit déchaussage aux Houches pour soulager préventivement mon Morton et un verre d'eau pour attaquer la montée raide au Délevret, à travers la forêt puis les pistes de ski. Je me mets en mode marche rapide avec les bâtons et suis le rythme global de la course. La montée est raide, mais régulière. La vue sur la vallée de Chamonix devient saisissante, d'autant que le soleil couchant vient illuminer le massif du Mont-Blanc d'un dégradé de teintes roses et orangées magnifiques. Certains coureurs continuent de discuter malgré la pente, mais l'ambiance générale devient plus silencieuse. Après 2 h 15 de course, je passe au sommet du Délevret. Je suis classé en 2249e position. Je prends deux minutes pour faire des photos et m'alimenter un peu avant la longue descente sur St Gervais, de plus de 1000 mètres.

Les sensations sont pour l'instant excellentes et je ne déplore aucune douleur particulière. Je ne pense pas à l'ensemble de la course, mais à la prochaine étape, à savoir le ravitaillement de St Gervais. Ce fractionnement de l'objectif global en étapes bien différenciées est devenu un mode de travail indispensable dans la réalisation des ultras. Il me permet de couper l'épreuve en plusieurs «petits» tronçons plus faciles à appréhender mentalement. J'attaque prudemment la descente, en profitant de la lumière rasante du soleil couchant sur la vallée de St Gervais. Je tourne provisoirement le dos au Mont-Blanc que je ne reverrai pas tout de suite. Le début est roulant puis devient plus raide, sollicitant les quadriceps pour la première fois. Je suis dans un rythme assez dynamique et je me laisse aller en restant concentré dans les passages plus techniques. Nous allumons notre frontale dans la forêt précédant le village et entrons dans la première des deux nuits à venir.

La voix du speaker me parvient, signalant le premier ravitaillement. Je passe le portique à 21 h 23 en 2262e position. Je suis pile-poil dans mes prévisions. J'attrape une soupe, quelques morceaux de fromage et du saucisson et repars en marchant le temps de finir ce mini-repas. L'ambiance est de nouveau à son comble et le site noir de monde. Cet engouement est tout simplement incroyable et ne faiblit jamais. Après avoir renversé une partie de ma soupe chaude sur mon short (je vous avais dit que je ne suis pas un grand fan de manger en marchant), je me remets en mode course sur une portion plane, en route vers le prochain objectif, à savoir les Contamines, 10 km plus loin, où je retrouverai mon équipe.

La montée est douce dans les bois et le flux de coureurs s'étire peu à peu. On ne se marche pas dessus et on peut profiter de petits moments de tranquillité sous la nuit étoilée. Je laisse mon esprit s'évader sur une portion peu technique. Je sais que le voyage est long et qu'il est important de reposer son esprit par instants, faute de pouvoir reposer ses muscles. Mais le mental est le moteur du corps et il doit être ménagé autant que possible.

Une heure après avoir quitté St Gervais, je suis tiré de ma routine par une douleur abdominale aussi soudaine qu'inattendue. Des spasmes intestinaux se mettent en branle et je dois rapidement m'arrêter dans un fossé un peu à l'écart pour soulager mes intestins. C'est la première fois que pareille mésaventure se produit et je me demande bien ce qui peut être à l'origine du désordre. Je reprends la route soulagé mais un peu inquiet pour la suite. L'accalmie est malheureusement de courte durée et les spasmes reviennent bientôt, accompagnés cette fois de quelques nausées. J'essaie de respirer profondément et je ralentis le rythme. La dernière montée raide avant les Contamines me casse un peu les jambes et c'est assez dépité que je rejoins Robin, Béa et Pat. Ils m'attendent à l'extérieur du ravitaillement, car il n'y a qu'une seule entrée possible par coureur pour limiter le monde à l'intérieur de la tente. Il est 23 h 20 pour une prévision à 23 h 10. J'ai donc toujours 40 mn d'avance sur la barrière horaire. Je perds pourtant du temps à trouver l'entrée, attendant Béa au mauvais endroit et je finis par accéder aux aliments, mais sans en avoir réellement envie. J'essaie de boire des eaux pétillantes et sucrées et d'avaler quelques fruits secs. Je fais part de mes inquiétudes à Béa qui me rassure en me disant de continuer tranquillement et sans stress. Je dois quand même avoir mauvaise mine, car Pat me regarde inquiet en me disant de faire mon possible et d'avancer encore un peu. Robin me tape dans la main et me dit d'y aller cool. Je me change en mode nuit et repars pour une grande étape nocturne qui doit m'amener aux Chapieux (km 50) après avoir gravi le col du Bonhomme à 2325 mètres d'altitude. Il s'agit d'une portion longue, sans assistance avant Courmayeur et sans réseau téléphonique pour une bonne partie.

J'attaque la montée en sortant des Contamines avec le cœur et le ventre serrés. Je dois avancer sans penser à la suite, uniquement m'appliquer à mettre un pied devant l'autre. Objectif Notre Dame de la Gorge à 4 km. J'y arrive sans trop de problèmes. Le ventre me laisse un peu de répit et un grand feu autour duquel dansent les spectateurs amène un peu de réconfort. La suite emprunte une large piste pavée de dalles de pierre qui doit nous conduire jusqu'à La Balme, 4 km plus loin. La pente est régulière et sans difficulté. J'essaie de garder un rythme correct, mais je sens bien que ce n'est pas la grande forme. Je n'arrive pas à m'alimenter correctement et j'essaie de boire par petites quantités aussi souvent que possible. La nuit est magnifique et je lève souvent les yeux pour sortir de la vision de mes chaussures dans le faisceau de ma frontale. Des silhouettes sombres et massives nous entourent de tous côtés et semblent veiller sur notre progression nocturne. Pas de doute, on est bien en montagne et ça commence à devenir sauvage.

La pente se redresse un peu et j'aperçois le ravitaillement de La Balme à 1700 mètres d'altitude. Nous avons pris 600 mètres depuis les Contamines et je reprends un peu espoir en voyant que je suis encore capable de continuer. Le passage au point de contrôle me bipe à 1 h 24 pour une barrière horaire à 2 h. J'ai 36 mn d'avance, ce qui n'est pas un matelas bien confortable avec ce qu'il reste à parcourir. Mais j'essaie de ne pas y penser et regarde devant moi en mastiquant péniblement des fruits secs. La colonne de frontales s'étire en un ruban lumineux qui gravit la montagne jusqu'au Col du Bonhomme, au bout de l'horizon. Je vois bien où l'on doit aller et la distance paraît énorme, alors qu'il n'y a que 3,5 km, avec la perspective de nuit. Encore un petit test pour le mental.

Mais il faut y aller. Je repars en me laissant bercer par le bruit de mes bâtons sur la roche et j'attaque cette ascension caillouteuse. Je laisse mon esprit s'évader aussi souvent que possible pour ne pas me laisser envahir par le doute. Je sais que je suis sur un fil, sans marge de manœuvre, mais je dois continuer. Plusieurs fois, je mets ma main sur mon cœur et je cherche le réconfort de mon ancrage, visualisant cet ours sauvage puissant et rapide qui parcourt les montagnes. Le souffle est régulier et je n'ai pas de douleur, mais je sens que mon tube digestif n'est pas au mieux. J'en profite pour lever un doute qui a dû germer dans vos esprits : ce n'est pas à cause du cassoulet. Je suis certain que mon plat fétiche n'y est pour rien et que je suis victime d'un embarras gastrique passager. Non, non et non, je vous interdis d'incriminer le cassoulet dans cette affaire. Est-ce que c'est bien clair ?

Finalement, de pensées positives en spasmes intestinaux, je finis par atteindre le Col du Bonhomme. Plusieurs coureurs sont allongés au sol alors qu'il fait bien frais et semblent épuisés. Quelques bénévoles essaient de les motiver sans succès. On est en haute montagne, assez isolés et je n'ai pas envie de m'arrêter à ce col en plein vent même si je suis un peu entamé. Je continue vers le refuge de la Croix du Bonhomme, 100 mètres plus haut, en empruntant un sentier serpentant au milieu des blocs rocheux. La vue se dégage vers l'est et la nuit étoilée se confond avec la ligne d'horizon montagneuse. La lune s'est levée et baigne l'ensemble du paysage d'une teinte ouatée et diaphane.

Mais après quelques centaines de mètres, je dois de nouveau partir précipitamment sur le côté pour soulager mes intestins derrière un rocher. Quelle galère infernale ! Je suis en train de participer à mon rêve et je me cogne une vulgaire gastro au milieu de cet endroit magique. Incroyable comme l'imprévu vient toujours fourrer son nez quand on l'attend le moins. J'avais anticipé pas mal de choses, mais pas ça. Quelque peu soulagé, je repars sur le sentier, conscient d'avoir encore perdu du temps. Je dois continuer et de toute façon, il est trop tard pour faire demi-tour. Au passage au refuge, il est 3 h 22 et j'amorce la longue descente sur Les Chapieux de près de 900 mètres de dénivelé négatif. J'essaie de trottiner quand le terrain le permet, mais les secousses me donnent à nouveau mal au ventre. Au bout d'une demi-heure, les nausées reviennent en force et je finis par me poser contre un rocher pour vider mon estomac cette fois-ci. Maintenant, c'est clair, je n'ai plus rien dans le ventre. Tout est parfait : il reste plus de 120 bornes, je flirte avec la barrière horaire et je ne peux rien avaler. Le top.

Je reprends la descente tant bien que mal. La sensation de ballonnement et les nausées ont disparu. Je me sens fatigué, mais je n'ai plus mal au ventre. Le vomissement a-t-il été salutaire ? J'ai transformé le tronçon en champ de mines et je m'en excuse auprès des futurs randonneurs, mais j'aurais été incapable de résister à la pression de mes viscères. J'aperçois les lumières du ravitaillement en contrebas et me laisse rouler vers elles comme un papillon de nuit attiré par leurs éclats. Au passage du point de contrôle, il est 4 h 28 pour une barrière à 5 h 15 et je suis en 2193e position. Je m'assois pour récupérer et essaie à nouveau de manger quelque chose, mais rien ne me fait envie. Je décide de revenir à cette boisson ambrée à base de cola tant appréciée des trailers. C'est sucré et c'est normalement indiqué dans les gastros. En ressortant de la tente, je me renseigne sur les possibilités d'abandonner et de rentrer à Chamonix. À cet instant, je ne vois pas comment je peux continuer dans l'état où je suis. Les 1000 mètres de D+ du Col de la Seigne nous attendent et l'obstacle me paraît insurmontable. J'envisage l'éventualité de l'abandon comme une fatalité, essayant de le justifier par le problème digestif. C'est dommage, mais c'est comme ça. L'impondérable a encore frappé. Je n'ai pas la possibilité d'appeler Béa pour lui dire et je dois prendre ma décision seul. C'est quand même trop con d'abandonner comme ça.

Le bénévole interrogé me donne pourtant une réponse différente de celle que j'attendais. Il m'explique que le rapatriement depuis Les Chapieux est très compliqué et très long, mais que l'ascension du Col de la Seigne se fait au début de manière progressive. Il m'encourage à poursuivre en me disant que je pourrai arrêter à Courmayeur et me faire ramener à ce moment-là. J'hésite, surpris par l'argumentaire. Et pourtant, l'idée me paraît bonne. Je fais cette portion en marchant et j'arrête à Courmayeur. Pourquoi pas ?

Je repars une nouvelle fois à l'assaut du massif, même si c'est en mode perdant. Les informations s'avèrent exactes et la montée jusqu'à La Ville des Glaciers (où il n'y a que quelques granges) est des plus douces. Je marche régulièrement et suis surpris de constater que mes problèmes digestifs semblent être un mauvais souvenir. Plus de douleurs, ni de nausées, mais une fatigue globale qui pèse encore sur mes épaules. J'essaie de m'alimenter à nouveau, car j'ai bien conscience que je ne vais pas aller très loin si je ne mets pas de carburant dans le moteur. Et à ma grande surprise, l'appétit revient et me permet d'avaler des pâtes d'amande et de fruits sans avoir envie de les recracher immédiatement.

La pente se raidit et l'ascension véritable commence. Une vague lueur illumine l'est, découpant la silhouette du Mont-Blanc sur un ciel encore sombre. Cette lumière agit sur moi comme un détonateur et me redonne espoir. J'ai l'impression que mes cuisses reprennent de la vigueur et je savoure ces instants de répit et de bien-être. Cela fait plusieurs heures que je ne m'étais pas senti aussi bien. Mais la montée est rude et mes réserves faibles. Je gère mon effort au maximum, m'accordant des micros pauses régulièrement pour avaler des petits morceaux de nourriture, espérant reconstituer des stocks pour la suite.

La lumière des frontales se fait moins brillante et le jour remporte son duel contre la blancheur artificielle des LED. Un vent frais se lève, mais je décide de rester en short, persuadé que le soleil ne tardera pas à chauffer. La montée n'en finit pas et comme souvent en montagne, le col semble s'éloigner à chaque fois qu'on pense l'atteindre. Une succession de reliefs arrondis masquent l'objectif, imposant un nouvel effort pour les surmonter. Enfin, j'aperçois une tente et quelques bénévoles, en même temps qu'une vue plongeante extraordinaire sur l'Italie. Ce paysage dans la lumière matinale est à couper le souffle. Le Mont-Blanc versant italien barre l'horizon de son énorme masse, rendant la perspective de la vallée encore plus marquée avec le lac Combal brillant de mille feux en contrebas. Cette image est à jamais fixée sur ma pellicule intérieure. Sur le moment, elle m'a saisi par sa beauté brute et minérale et a grandement contribué à la poursuite de mon effort. Si j'avais passé ce col dans le brouillard et la pluie, il en aurait sûrement été autrement. Un grand merci au bénévole qui m'a incité à continuer au Chapieux et à celui du col de la Seigne qui m'a encouragé pour la suite vers Courmayeur en me faisant partager sa gourde de boisson sucrée.

Il est 7 h 17, je suis rempli d'une énergie mentale incroyable, même si mon corps est épuisé par la privation de nourriture. Je sais que nous abordons maintenant une portion nouvelle de l'UTMB®, non empruntée lors des précédentes éditions. Le parcours va en effet nous faire contourner les Pyramides calcaires, sommets jumeaux plantés au milieu du vallon, en suivant des éboulis rocheux, au lieu de descendre tout droit vers le refuge Elisabetha. J'ai lu quelques reconnaissances de ce tronçon et je sais que le sentier n'est pas roulant du tout. Il s'agit d'une des portions les plus techniques du parcours. Je mets ma veste, car il fait vraiment frais et je m'alimente à nouveau. Je constate que tout se passe bien et que les nausées ont disparu. J'ai presque faim.

J'attaque la descente très motivé et avec un œil sur le chrono, car ma marge de manœuvre est très faible. Je rattrape plusieurs coureurs (un bon moment que ça ne m'était pas arrivé) qui avancent à un rythme de sénateur. Le dépassement n'est pas aisé dans ce pierrier, mais je m'y lance, sous les réflexions parfois moqueuses de certains. « Tu es pressé ? Tu fais du sprint ? » et autres traits d'humour jalonnent mon passage. Pourtant, je sais que cette partie a une importance primordiale. On ne gagne pas l'UTMB® là, mais on peut très bien le perdre. Et c'est ce qui arrivera à ceux qui ont cru avoir le temps de passer l'obstacle sans accélérer la cadence. L'arrivée au col me donne un peu de répit, car le flux de coureurs est moins dense. Ceux qui me précèdent avancent bien et nous débutons la descente vers le lac Combal à bon train. J'avoue avoir passé du temps à regarder mes pieds sans profiter du paysage, mais je veux à tout prix éviter de chuter à cet instant. Quelques passages techniques me permettent de doubler du monde grâce à l'expérience acquise sur les trails pyrénéens, riches en cailloux. Je n'ai pas de douleur musculaire, mon dos tient le choc et j'arrive à me réalimenter correctement. Je sais que je joue un peu à quitte ou double et que je ne suis pas à l'abri d'une grosse défaillance, mais je tente le coup. Le soleil brille, me réchauffe et je reprends plaisir à courir. Les virages s'enchaînent rapidement et la pente s'adoucit pour nous amener au ravitaillement du lac Combal. Je passe le portique à 9 h 01. Je suis 2046e. La barrière horaire qui correspond à la sortie du ravitaillement est à 9 h 30. Je m'accorde dix minutes de pause, essentiellement consacrées à manger et à boire. Maintenant que mes fonctions digestives sont à nouveau opérationnelles, je les mets à contribution. J'essaie aussi de persuader un coureur de continuer. Il souhaite abandonner et s'en va rendre son dossard. Je le supplie de le garder jusqu'au dernier moment, persuadé qu'il le regrettera quelques heures après, mais rien n'y fait. Il est épuisé et n'en peut plus. Quel dommage ! Mais ma course continue.

Je quitte le ravitaillement à 9 h 15. J'ai donc 15 mn d'avance sur le temps éliminatoire, et ce après 66 km de course. Quand je vous dis que je n'ai pas beaucoup de marge. En me retournant, j'aperçois au loin des concurrents qui tentent de courir pour rallier le ravitaillement dans les temps. Pour eux, ce sera juste et je pense qu'ils doivent regretter de m'avoir tancé lorsque je les ai doublés. Une portion plane de deux kilomètres m'attend avant la remontée à l'arête du Mont Fabre et la longue descente sur Courmayeur. J'en profite pour trottiner en me gavant du paysage sublime qui m'entoure. Le Mont-Blanc est vraiment impressionnant de ce côté de la frontière et le massif en général impose le respect. Le ciel est parfaitement limpide et la vue dégagée à l'infini. Je prends à nouveau conscience de la chance d'être là avec une telle météo et je vois la suite de la course avec un œil nouveau. J'ai l'impression d'avoir récupéré mes capacités physiques et de repartir pour un nouveau défi. Je vais peut-être pouvoir aller plus loin que Courmayeur.

Dès l'ascension de l'arête du Mont Fabre, je remets en application mon plan de course, à savoir se concentrer sur le prochain objectif. La montée me semble facile et je dépasse quelques coureurs. Nous sommes survolés à plusieurs reprises par l'aigle royal dressé pour l'occasion et qui est porteur d'une caméra. Les images réalisées s'avèreront splendides. L'arrivée au sommet nous donne l'occasion de bénéficier d'un spectacle hors du commun. Le massif du Mont-Blanc se dégage complètement, découvrant les sommets mythiques tels la Noire de Peuterey, la dent du Géant, l'envers des Grandes Jorasses et tout au fond, le Val Ferret où nous traînerons peut-être nos chaussures tout à l'heure. Je prends cinq minutes pour admirer le tableau et prendre quelques photos. C'est absolument sublime. J'ai le sentiment de participer à une des plus belles courses au monde.

Mais il est temps de repartir. 1250 mètres de descente m'attendent jusqu'à Courmayeur avec une courte pause au col Checrouit. Je démarre doucement, en levant souvent la tête pour continuer à profiter du tableau puis accélère progressivement quand le tronçon devient moins technique. Les sensations sont maintenant très bonnes et je sais que la fatigue ressentie est liée à la distance parcourue, mais plus au manque de combustible. Je cours dès que c'est possible et j'arrive sans encombre au dernier ravitaillement avant Courmayeur où je m'envoie une assiette de pâtes pour fêter ça. On n'est pas en Italie pour rien. La suite me rapproche rapidement de la base de vie où je sais que je vais pouvoir me refaire une santé et revoir mes proches. Mon téléphone se met à vibrer, m'indiquant que le réseau est à nouveau disponible et je décroche pour entendre avec plaisir Philou qui vient m'encourager. Quel bonheur d'entendre sa voix! Il m'indique que je suis juste une heure derrière Guillaume, ce qui signifie qu'il est confronté à un problème évident. On avait calculé quatre heures d'écart entre nous deux à Courmayeur. J'appelle Béa et goûte avec délice au son de sa voix. Elle me confirme qu'ils attendent toujours Guillaume qui semble avoir souffert lui aussi de désordre digestif. Décidément, on court ensemble, on meurt ensemble pour reprendre une phrase des philosophes footballeurs de 2006.

Je pense à tout cela en descendant un sentier raide, mais roulant qui dégringole en épingles à cheveux vers la belle Italienne. Et je me fais surprendre sur un changement d'appui qui m'envoie dans le décor en contrebas, heureusement sans gravité. Allez, on se concentre, ce n'est pas le moment de s'en mettre une. Cette sortie de route a le mérite de faire redescendre cette dangereuse euphorie dans laquelle je suis en train de tomber. On se calme. Je ne suis pas encore à la moitié de la course et je n'ai pas trois heures d'avance.

Les premiers chalets apparaissent au détour d'un bois et je profite d'un tuyau d'arrosage dépassant d'un pré pour me rafraîchir un peu. Il commence à faire bien chaud et cette eau froide me redonne de l'énergie. J'ai la bonne surprise d'apercevoir Robin à l'entrée de la ville. Il est venu à ma rencontre et m'accompagne en clopinant jusqu'au ravitaillement. Son pied va mieux, mais le fait encore souffrir. Sa présence me fait un bien fou et me galvanise pour la suite. Je pénètre dans le grand gymnase de Courmayeur à 12 h 01 précise. La barrière horaire de sortie est prévue à 13 h. Je décide de m'accorder 30 mn. Je retrouve également ma Béa et abuse de cette réunion qui me donne tant. Elle m'énonce la liste incroyable de personnes ayant envoyé des messages (et photos) de soutien. Je n'en reviens pas et je suis profondément touché par ces très nombreuses marques de sympathie. Amis, famille, connaissances, tout le monde semble vivre cette aventure avec nous. Il faut dire que l'application permettant de suivre les coureurs est parfaite, certains y passeront même leur week-end. Je ne peux pas citer tous les auteurs de messages de peur d'en oublier, mais soyez tous infiniment remerciés; vous m'avez donné de votre énergie pour avancer tout au long de ce fabuleux périple.

Je me dirige ensuite vers les douches, mais finis dans un lavabo, faute de place, et je me change complètement. Puis je me pose sur une chaise et mange autant que possible, mais sans trop charger, car je sais que la suite sera terrible en pleine chaleur. Il règne un brouhaha énorme dans cette grande salle qui tranche avec le calme des dernières heures. La chaleur et la nourriture me donnent envie de dormir et je ne tarde pas à repartir, car je n'ai pas le temps de faire une sieste. J'avais initialement prévu d'arriver à Courmayeur à 11 h 20 pour pouvoir dormir un peu, mais la course en a décidé autrement. Il est 12 h 34 quand je quitte le ravitaillement. Je croise Pat qui s'occupe de suivre Guillaume. Il m'informe que ce dernier est reparti du ravitaillement au moment où j'arrivais. Il n'est pas au mieux, ayant toutes les peines du monde à s'alimenter, mais a décidé de continuer. Alors, allons-y, en avant!

Nous sortons de Courmayeur en empruntant une route goudronnée qui s'élève tranquillement. Il fait très chaud et je me jette sur toutes les fontaines et sources présentes pour me rafraîchir en trempant ma casquette dans l'onde. L'eau froide qui me coule dans le dos me stimule et me procure un plaisir rare. On revient toujours aux choses simples en trail. Au bout d'un kilomètre, nous quittons la route pour emprunter un chemin qui s'élève dans la forêt en lacets. D'abord douce, la pente se raidit progressivement et je me cale à l'arrière d'un groupe de coureurs en essayant de garder un rythme acceptable. Pas question de dépasser, il faut tenir et s'accrocher. La température monte encore et la chaleur devient accablante. On commence à voir des concurrents assis au bord du chemin, épuisés et incapables de faire un pas de plus. La montée semble ne jamais finir. Les lacets se succèdent, sans répit et l'altimètre me donne l'impression d'être en panne. Je sens bien que je suis à l'aube d'un nouveau coup de bambou, mais je fais tout pour ne pas m'arrêter dans cette abominable montée. Objectif : le refuge Bertone où l'on peut se ravitailler et surtout se rafraîchir. Il n'y a plus de ruisseau depuis un bon moment et je suis en train de cuire à l'étouffée. Le moral diminue en même temps que ma température corporelle augmente. C'est vraiment dur. Mais je vous rassure, tout le monde est à la même enseigne. Pas un seul fanfaron qui ne cherche à dépasser ou qui passe son temps à dégoiser. C'est : « Silence, on monte en soufflant ! »

Au bout d'une éternité, je devine le refuge quelques centaines de mètres plus haut. Sa vue me redonne courage, mais pas de cuisses pour autant. Je suis cuit dans tous les sens du terme. Je me traîne comme un paralytique jusqu'à la zone de pointage et m'inonde la tête avec une éponge plongée dans un grand bidon d'eau plus très claire. Ça devait aller pour les premiers, mais nous, on se rince au jus de coureur. L'essentiel est que ce soit frais. Je vais me poser dans un coin à l'ombre et essaie de récupérer. Je suis épuisé. Et comme souvent dans ces conditions, je n'ai pas faim. J'essaie d'avaler une pâte d'amande, mais suis obligé de la recracher après cinq minutes de mastication inefficace.

Il est 14 h 20 et je suis passé en 1917e position. Nous venons juste de dépasser la mi-course et je suis à nouveau au fond du seau. Je paye probablement ma première partie de course et mes troubles digestifs. Que faire ? Attendre encore ne va rien m'amener si ce n'est perdre du temps. J'ai des réserves de nourriture, autant continuer en marchant et en essayant de m'alimenter. Je sais que le tronçon jusqu'au refuge Bonatti, 7 km plus loin, se fait sur un sentier en balcon magnifique qui domine le Val Ferret avec les Grandes Jorasses en point de mire. Je vais pouvoir me refaire, je l'espère, en allant doucement.

Ma décision est prise : je repars. Mais que c'est dur. J'ai l'impression d'avancer avec deux parpaings à la place des pieds. Le moral dégringole et je vois de nouveau apparaître le spectre de l'abandon. Problème : mon ancrage grizzly donne des signes de faiblesse et je ne vois pas de porte de sortie. Je décide d'appeler Tom, mon pote hypnotiseur, pour rechercher de l'aide. Il décroche et pendant quelques minutes, me redonne courage et force. Ce lien avec une forme de réalité me permet de sortir doucement de la spirale négative dans laquelle je suis tombé. Il me suit également via l'application et me rassure en m'expliquant que j'ai devant moi plusieurs kilomètres plus cool. Je raccroche un peu ragaillardi et enchaîne avec un appel à Béa pour parfaire le processus. Elle aussi me rassure et me redonne confiance. Merci encore à vous deux, vous m'avez sauvé à cet instant. Tom me confiera plus tard qu'il a quand même été assez inquiet en entendant la voix d'outre-tombe qui lui a demandé de l'aide.

J'avance toujours, en essayant de ne pas m'arrêter et en me fixant des objectifs très courts. Je croise un grand nombre de concurrents allongés à même le sol dans des positions improbables et en train de dormir profondément. Cela fait plus de 20 heures que nous courons et la fatigue commence à en terrasser quelques-uns. Il fait toujours chaud, mais le chemin est désormais coupé régulièrement par des ruisseaux dans lesquels je me rafraichis avec volupté. Je sens que je reprends vie petit à petit et je parviens à tenir une moyenne à peu près correcte sur cette portion vallonnée, mais sans grands dénivelés. Le paysage est somptueux et je suis heureux de pouvoir le regarder à nouveau.

Pourtant, une angoisse brutale vient me tirer de ma contemplation. Je m'aperçois que je n'ai pas uriné depuis un bon bout de temps. J'essaie de me remémorer la dernière pause pipi, mais il me semble qu'elle date d'avant Courmayeur. La trouille m'étreint de plus en plus. J'aspire frénétiquement le bout de ma pipette à eau, persuadé que je suis au bord de la dialyse. J'ai déjà eu affaire, avec mon boulot d'urgentiste, à des patients victimes de coups de chaleur sur des épreuves sportives et je sais que cela peut très mal se terminer. Mes pensées se concentrent (comme mes urines) sur mon système évacuateur, oubliant du même coup ma fatigue précédente. Le trail peut aussi vous faire revenir à un état primitif bulbaire dans certaines conditions.

Je bois comme un trou, essayant de stimuler ma vessie par la pensée. J'appelle Béa pour lui faire part de ma grande inquiétude et, une fois encore, elle me rassure et dédramatise la situation, me faisant constater par moi-même que je n'ai aucun signe clinique de coup de chaleur. Je profite de son réconfort et de sa voix et comme un bonheur n'arrive jamais seul, je m'arrête au coin d'un bosquet pour soulager une envie qui vient soudain se rappeler à mon bon souvenir. Je revis, simplement. Ne croyez pas cependant que la pratique de l'ultra endurance nous transforme en primates monosynaptiques préoccupés uniquement par nos viscères. Nous sommes juste obligés d'écouter notre corps et les signaux qu'il nous adresse.

En résumé, le coup de barre est en train de passer, j'ai repris une diurèse et me suis très bien hydraté, je peux donc continuer encore un peu ce fabuleux voyage. L'après-midi s'étire et quelques nuages de beau temps viennent masquer le soleil, amenant un peu de fraîcheur. Je recommence à observer le paysage et à découvrir ce merveilleux Val Ferret depuis le sentier en balcon. Les images que j'enregistre effacent automatiquement les visions imaginées avant la course. La réalité réimprime ma pellicule personnelle, vidant ma mémoire imaginaire. J'ai beau essayer de me souvenir des clichés du parcours que j'avais dans la tête, tout a disparu, remplacé par la réalité. Ce qui est plus savoureux.

Il y a toujours autant de corps allongés dans l'herbe en train de dormir, mais je n'ai pas envie de m'arrêter. J'aperçois en haut d'un bombement le refuge Bonatti. Allez, encore une étape. Je me rends compte à cet instant que j'ai également oublié toutes les informations de temps, de distance et de dénivelé que j'avais apprises avant de partir. Je suis obligé de consulter le profil de la course pour connaître le nombre de kilomètres restants à parcourir jusqu'au point suivant. C'était bien la peine de vouloir tout mentaliser avant. Comme quoi, rien ne remplace le vécu et l'on découvre alors les limites de la procuration. Profiter de l'instant présent sans chercher à deviner l'avenir ; belle maxime que l'on souhaite tous adopter, mais qui se fait pourtant désirer dans les faits. C'est probablement notre condition humaine qui nous pousse à vouloir connaître le futur, parfois au détriment du présent.

Mais trêve de philosophie, le refuge est là, il est temps de manger. 16 h 23, c'est l'heure du goûter et devant les Grandes Jorasses, s'il vous plaît. Je prends dix minutes et je repars pour rejoindre Arnuva par une portion assez courte et descendante. On plonge dans le fond du Val Ferret pour bien le visiter avant d'attaquer le gros morceau de la course : l'ascension du Grand Col Ferret. Je descends donc tranquillement en essayant d'économiser mes cuisses qui commencent à envoyer des signes de mécontentement. Je savoure tout de même d'être sorti de ce mauvais passage après la montée au refuge Bertone qui a bien failli me laisser sur le carreau. Toujours le up and down, pathognomonique de l'ultra.

Je finis par arriver à Arnuva où est installée une grande tente. Il est 17 h 33 et la barrière horaire est à 18 h 15. Je flirte toujours avec elle, mais comme ça va bientôt faire vingt-quatre heures, je commence à m'y habituer. Au vu de ce qui m'attend après, je prends dix minutes pour m'allonger et fermer les yeux avant de me ravitailler. Je ne dors pas, mais coupe un peu de la course en essayant de me glisser dans ma bulle. C'est court, mais ça fait du bien. Je quitte le ravitaillement après vingt minutes au total et attaque la très longue ascension du Grand Col Ferret. Quasiment 800 mètres de D+ sur 4 km. J'essaie d'adopter un rythme assez soutenu et pousse autant que possible sur les bâtons. Les sensations sont bonnes et je prends assez vite ma vitesse de croisière. Je suis étonné de monter aussi bien et j'en profite. Fait nouveau, je commence à dépasser des concurrents. Un puis deux puis cinq, dix et bientôt une vingtaine. Je ne m'enflamme pas, mais je me sens bien. Je perçois alors mon téléphone qui vibre et reçois un SMS d'un pote de Bordeaux qui suit ma progression avec attention et qui remarque que je reprends du temps sur les barrières horaires. Dans l'instant, je me demande où est la caméra, mais très vite je me nourris de ces encouragements qui tombent à point nommé. Merci Bertrand pour ce soutien aussi inattendu qu'efficace à cet endroit de la course.

La pente s'infléchit un peu et je prends quelques secondes pour souffler dans un virage. Les nuages ont un peu envahi le ciel et commencent à prendre des teintes roses et violettes dans la lumière de fin d'après-midi. Cela donne encore plus de relief au panorama qui m'entoure. C'est majestueux et ça impose le respect. On se voit tel qu'on est, c'est-à-dire tout petit devant la nature brute et immense. Là encore, j'ai une photo intérieure gravée pour un moment dans ma mémoire. Je repars confiant et termine l'ascension plutôt en forme. Un vent frais s'est levé au sommet, m'obligeant à me couvrir. La vue est époustouflante sur la Suisse et l'Italie. À perte de vue, ce ne sont que pics et cols, vallées et sommets. Il me semble deviner le Cervin au loin, sur la ligne d'horizon. Il est 19 h 15 et je pointe en 1651e position. J'ai effectivement gagné quelques places, mais surtout repris du temps. Nous sommes à 2537 mètres d'altitude et nous basculons en Suisse pour une très longue descente de près de 1600 m de D-.

Je trottine tranquillement sur une piste peu technique, essayant de relâcher au maximum le mouvement des jambes. Je sais que nous allons bientôt aborder la deuxième nuit de course, véritable juge (pas forcément de paix) au cours de laquelle bien des coureurs ont baissé pavillon. Je ne suis pas inquiet, j'avance. Je profite de la lumière du soir en me gavant du paysage, n'étant pas obligé de regarder mes pieds toutes les trente secondes. Je laisse filer le temps et la pente dans un état de bien-être malgré la fatigue et les douleurs musculaires.

Chaque pas me rapproche un peu plus de l'étape suivante. Je vis l'instant presque avec béatitude ce qui est plutôt correct après plus de cent kilomètres de course. La magie de l'ultra.

Un rapide stop au niveau d'un point d'eau tenu par des bénévoles suisses à l'accent chantant et je repars pour rallier le village de La Fouly. Nous nous engageons dans une autre grande vallée et quittons momentanément le domaine de la haute montagne. Le chemin fait quelques oscillations, mais continue de descendre, permettant une progression régulière. La nuit tombe et je retarde au maximum le moment d'allumer ma frontale. J'adore courir entre chien et loup dans la montagne et m'imprégner de cette ambiance si particulière propre à ces heures où les ombres s'allongent et les reliefs deviennent flous et ouatés. Mais un choc contre une racine manque de m'envoyer dans les buissons et me ramène à la réalité. Je mets en marche ma lumière artificielle et continue ma progression. On traverse quelques torrents et les lumières de La Fouly apparaissent au loin. La lune n'est pas encore dans le ciel, mais les sommets environnants hésitent entre les dernières lueurs du couchant et la blancheur spectrale lunaire pour colorer leurs neiges d'altitudes. Je progresse seul, sans coureur ni devant, ni derrière, ce qui est une première depuis le début de la course. Encore quelques prés à dévaler et j'arrive sur une large piste longeant une rivière. Je cours à un bon rythme, en ayant l'impression d'avancer très rapidement. La piste laisse la place à une route goudronnée qui m'amène au ravitaillement. Il est 21 h 19 pour une barrière horaire à 22 h 30. Pour la première fois depuis le départ, j'ai plus d'une heure d'avance. Je souris en passant au pointage, satisfait de mon parcours. J'avale une soupe et quelques pâtes, le tout accompagné de ma boisson sucrée pétillante favorite et j'appelle les miens. Ma voix est assurée et Béa l'entend immédiatement. Ils m'attendent à Champex, deuxième base de vie et sont confiants. Quelle attente interminable pour eux ! Béa, Robin et Pat forment une équipe d'assistance incroyable qui nous permet de poursuivre l'effort. J'apprends au passage que Guillaume est toujours en course et qu'il semble lui aussi s'être refait un peu la cerise.

Je repars de La Fouly avec le sourire et une motivation toute neuve. Cela tombe bien, il va m'en falloir une bonne dose pour la suite. Il fait maintenant nuit noire et la température est agréable. On progresse sur une piste forestière au début puis sur un sentier caillouteux où il convient d'être vigilant, d'autant qu'il borde quelques précipices inquiétants. Il reste 13 km pour atteindre Champex, d'abord en descente puis avec une remontée bien raide et cette portion va s'avérer particulièrement longue. Mes souvenirs sont un peu flous et seules quelques images persistent. En particulier celle d'une sorte de crête en sous-bois qui semble plonger dans l'obscurité avec une ligne de fuite inquiétante dans le halo de la frontale. La fatigue est maintenant prégnante et m'oblige à des pauses régulières. Je ne veux pas dormir ici, je ne le sens pas. Je préfère lutter et continuer. Je trébuche plusieurs fois, mais parviens à éviter les chutes. C'est long et difficile. Je me remets en mode automatique en pensant au pas suivant. Au bout d'un temps qui m'a semblé durer une éternité, je distingue des phares de voiture trouant la nuit au loin et je finis par prendre pied sur une route goudronnée en sortant de la forêt. Plusieurs chalets suisses bordent cet itinéraire et redonnent un peu de vie au parcours. Le passage dans les bois commençait à devenir très long et je pense que je n'étais pas loin des hallucinations.

Au détour d'un virage, trois personnes ont installé un stand avec un bidon d'eau et des gobelets. L'une d'elles me tend un rafraîchissement, mais je décline la proposition, lui demandant à mon tour si elle peut me verser une casserole d'eau sur la tête. Interloquée, elle me demande si tout va bien, mais devant mon regard implorant finit par s'exécuter. Le contact de l'eau froide me fait crier de surprise, mais provoque un électrochoc qui me réveille instantanément. Je la remercie et continue ma route. C'est exactement ce qu'il me fallait. L'itinéraire serpente entre les prés et les chalets sous la lumière blanche de la pleine lune. Carte postale nocturne inhabituelle, mais tout aussi magnifique. Après un ou deux kilomètres, un attroupement attire mon attention. Plusieurs coureurs sont arrêtés aux abords d'un chalet dont le propriétaire, en robe de chambre, distribue du café chaud à qui veut. Je me laisse tenter et en profite pour échanger quelques mots avec les locaux. L'engouement pour l'UTMB® ne se limite pas à la France et tous ces gens sont ravis de participer à l'évènement en apportant réconfort et boisson chaude aux trailers éplorés à cette heure de la nuit. Je savoure la rencontre et reprends mon chemin revigoré. La douche froide et le café chaud m'ont permis de continuer vers Champex en ayant refait le plein d'énergie. La fatigue est toujours là, mais je n'ai plus envie de dormir. On verra ça dans une autre vie.

Je traverse ensuite le petit village de Praz de Fort et attaque la rude montée vers Champex et son lac d'altitude. Les premiers mètres sont difficiles après une aussi longue descente et les cuisses crient leur désespoir. Je n'ai pas de crampes, ce qui est très bon signe après autant de kilomètres parcourus et mon syndrome de Morton ne me fait pas souffrir. Il ne me reste plus qu'à monter. Il n'y a que 300 mètres de D+, mais ils vont m'attaquer très sérieusement. C'est raide, en forêt et les lacets n'en finissent pas. Je souffle, je mets ma main sur le cœur et j'avance, toujours. Un pas puis un autre puis encore un autre et ainsi de suite. C'est une litanie non religieuse, mais tout aussi monotone qui crée une forme d'auto-hypnose propice à la répétition automatique des mouvements. Mais on oublie ces moments et seules quelques images fugaces subsistent de la fin de l'ascension.

La route apparaît enfin et avec elle une voix connue. Robin m'appelle et avance vers moi, sorti de la nuit comme par enchantement. Cela veut donc dire que je suis à Champex! Quel bonheur de le retrouver ainsi que Béa et Pat. Je serre ma douce dans mes bras quelques instants, profitant de ces secondes d'énergie pure. J'ai la mine défaite et Robin me confiera après qu'il a eu du mal à me reconnaître sur l'instant. Nous rentrons dans l'immense tente où se tient le ravitaillement et je me laisse tomber sur une chaise, épuisé. Il est 0 h 56 et la barrière est à 2 h 30. C'est presque du luxe. Nous sommes au kilomètre 124, il en reste donc moins de 50, une broutille. J'apprends que Guillaume va bien mieux et qu'il est passé sans encombre. Voilà encore une bonne nouvelle.

Je commence par manger et boire. J'écoute Béa qui me raconte tous les messages des potes. Il y en a tant, c'est génial et émouvant. Les larmes peuvent vite arriver après 120 bornes. Pat me raconte la course de Guillaume qui a passé presque 50 kilomètres avant Courmayeur sans pouvoir manger, ni boire. Tout s'explique. J'avise la salle de repos et tente d'aller me poser vingt minutes. Je crois que j'ai envie de dormir, mais je n'en suis pas sûr. Je m'allonge pourtant sur un lit de camp et ferme les yeux. Malheureusement, je ne peux pas fermer les oreilles et je me tape les bruits des indélicats qui confondent l'endroit avec le réfectoire d'un refuge alpin. Pas moyen de dormir, je reste donc allongé en essayant de récupérer un peu. Les vingt minutes ne passent pas et je décide de me relever pour continuer. Je dormirai une autre fois. Mais le froid m'est tombé dessus et je grelotte sans parvenir à me réchauffer. Un coup d'œil au profil de la course me rappelle que se dresse devant moi la portion la plus dure du parcours. La fameuse montée à Bovine, redoutée par tous les coureurs. Du raide «dré dans l'pentu» qui à ce moment de l'épreuve en a laissé plus d'un sur le côté. J'avoue que je prends un sérieux coup au moral et que j'hésite à repartir. Mais une fois encore, mon équipe va me permettre de me transcender pour remettre le couvert. Je me couvre et sors à reculons de la chaleur de la tente pour plonger dans la nuit fraîche et affronter le monstre. Les encouragements me parviennent, mais j'ai du mal à y croire. Je marche la tête vide, sans penser à rien, espérant trouver dans ce néant la force de continuer. La nuit, le froid (tout relatif), la fatigue, la distance restant à parcourir, autant de facteurs qui ont pris le contrôle de mon cerveau, lui intimant l'ordre de cesser cette folie. Et c'est uniquement mes proches et leur présence qui m'ont permis de continuer en direction de Trient.

    La lune brille comme un soleil, mais ne réchauffe pas l'atmosphère. Je m'enfonce dans le noir, d'abord en descente ce qui permet de retarder la rencontre avec la fameuse montée. J'arrive à trottiner à nouveau et cela contribue à augmenter un peu ma chaleur corporelle. Je regarde la lune et les étoiles et cherche de l'énergie dans la voûte céleste. À vrai dire, ça marche moyen. Et les premiers contreforts se présentent. Curieusement, le nombre de coureurs se densifie et une file indienne se crée. On marche l'un derrière l'autre et l'on attaque la pente raide. Comme prévu, ça pique. De grosses marches humides et inégales se succèdent, martyrisant les quadriceps et harcelant le cœur. La moyenne horaire est ridicule, on fait presque du surplace. Il y a 900 mètres de D+ à avaler, on y est donc pour un moment. À mi-pente, je dois m'arrêter pour souffler. Le sentier est tellement étroit et raide que je me colle tant bien que mal sur la pente rocheuse à côté pour laisser passer les concurrents qui me talonnent. C'est inconfortable, mais le simple fait de s'arrêter me procure du plaisir. Je renonce à regarder mon altimètre qui semble bloqué et repars en me disant que de toute façon je ne peux pas rester là. Je garde un souvenir assez précis de cette portion nocturne. L'effort que j'ai fourni pour en venir à bout est un des plus éprouvants qu'il m'ait été donné d'endurer.

Assez subitement, la pente s'infléchit et je distingue le serpent de frontale qui s'éloigne vers la droite, suivant une courbe de niveau. Nous sommes arrivés au sommet de l'ascension et la suite s'annonce plus plate avant la descente sur Trient. Un soulagement m'envahit et je m'accorde quelques instants de pause pour boire et manger. J'ai vaincu la bête et je sais que je peux continuer encore. Le passage à La Giète et sa cabane perdue au milieu de nulle part valident le sommet et nous propulsent dans la descente. Assez roulante mais avec quelques passages délicats, il convient de l'aborder prudemment. Pas de chute, pas de chute revient comme un leitmotiv permanent. Je connais les risques de ces descentes nocturnes après un gros effort et je sais que l'on peut ruiner tous ses espoirs en une fraction de seconde. De toute façon, j'ai les cuisses en béton armé et je n'ai rien d'un Kilian Jornet dans la démarche. Je ne vais pas gagner du temps sur ce tronçon, mais je peux en perdre beaucoup. Une telle lucidité après 34 heures de course peut vous surprendre, mais je crois qu'elle est liée à toute l'expérience emmagasinée au fil des courses et des années de pratique. C'est un bonheur qu'elle me serve à cet instant.

La descente se poursuit sans encombre et sans trop de souvenirs, hormis une vue dégagée à un moment sur la Suisse. Enfin je suppose, car ma boussole interne est complètement déréglée et je suis incapable de m'orienter. Je lève la tête quand j'y pense pour observer les sommets enneigés brillants sous la pleine lune. Je mesure la chance que l'on a d'avoir pareille météo sur ce parcours, probablement l'un des plus beaux au monde avec ces conditions. Cette évocation me met du baume au cœur et m'accompagne sur quelques kilomètres. Il est 6 h 03 quand j'arrive à Trient avec deux heures d'avance sur la barrière. Le jour se lève et j'y crois. Je suis 1434e.

Un bisou à Béa, une bise à Robin qui va rentrer se coucher après ce ravitaillement et une courte pause avant d'attaquer l'avant-dernière difficulté. Merci mon grand garçon de m'avoir accompagné durant toutes ces heures. Ton sourire, ta zen attitude et tes encouragements m'ont guidé dans les moments compliqués. Patrice s'en va aussi pour suivre Guillaume et le récupérer à Chamonix. Et ma Béa reste avec moi pour les derniers efforts, pour partager encore et encore ces moments magiques.

Je quitte Trient par un sentier qui s'élève dans la forêt baignée par la douce lumière de ce matin estival. Il fait bon, la frontale est rangée au fond du sac et je suis habité d'un sentiment de plénitude. C'est peut-être un peu tôt, la course n'est pas finie, loin de là, mais je me laisse bercer par cette douce sensation. La pente se raidit après quelques centaines de mètres, m'obligeant à reprendre mon rythme habituel des montées avec l'alternance des bâtons et des pas, pour rentrer dans l'automatisme qui va une nouvelle fois m'amener en haut. La notion de durée de course est en train de disparaître. J'ai tellement étiré et distendu l'espace-temps habituel que je n'ai plus de repères. Une journée normale dure en général une quinzaine d'heures. Là, je vais bientôt arriver à 40 ; mon esprit n'est pas habitué à une telle variation. Je flotte dans un univers ensoleillé, bercé par la marche et tendu vers l'objectif. Seuls les regards à ma montre me renseignent sur l'heure, mais cette dernière me paraît sans valeur. Il faut dire que je n'ai toujours pas dormi. C'est plus long qu'une garde aux urgences, mais c'est quand même vachement plus beau.

Je passe à Catogne après m'être envoyé 850 mètres de D+ presque sans y faire attention. Certes, c'était moins dur que la précédente montée, mais tout de même. On s'y habitue, finalement, à monter et descendre en permanence. Je sais que la descente sur Vallorcine va se faire pour partie en terrain connu, car elle emprunte le parcours de montée du marathon. Je reconnais vite les lieux et fais bien attention, car la partie en forêt est très raide et piégeuse. Il fait encore bon à l'ombre des arbres et je progresse calmement, presque serein désormais. Cela me procure une agréable sensation de faire en sens inverse le trajet emprunté cinq ans auparavant. J'ai un peu l'impression d'être à la maison. Au sortir du bois, je reconnais le grand champ pentu qui mène au ravitaillement et me souviens de m'être dit que la montée allait être sévère. Comme quoi, tout est question de référentiel.

Je passe le pointage de Vallorcine en même temps que Béa qui profite de l'instant pour me montrer la webcam. Je découvre avec surprise la présence de cet ustensile et apprends qu'il y en avait à chaque ravitaillement. Ce qui nous vaudra une bonne tranche de rire en observant ma tronche défaite à certains points de passage. Nous faisons un magnifique coucou à l'objet connecté en passant et pénétrons dans la tente pour quelques instants de repos. Il est 9 h 28, je suis en 1384e position et j'ai 1 h 45 d'avance sur la faucheuse. Je m'arrête peu de temps, car je suis maintenant pressé d'en finir. Car il s'agit bien de cela : terminer ! J'aborde le dernier de mes tronçons découpés artificiellement pour venir à bout de l'impensable. Et ces 19 derniers kilomètres arrivent devant moi, enfin. C'est à la fois très peu en comparaison des 170, mais beaucoup si l'on considère que c'est un semi-marathon avec 850 mètres de D+. Encore une question de relativité.

Je donne rendez-vous à Béa sur la ligne d'arrivée et pars en oubliant mes bâtons. Un petit demi-tour pour récupérer les indispensables et ça repart pour une dernière valse. Nous longeons la route par un sentier jusqu'au point haut de la vallée de Chamonix, puis la croisons pour débuter la dernière montée. Un concert de klaxons nous salue et une foule compacte se presse à nouveau sur les bords. Des applaudissements, des cris, des encouragements et même un gars qui hurle : « La polaire est à vous, la polaire est à vous ! » en référence au trophée vestimentaire réservé aux finishers. L'ambiance Tour de France est de nouveau là et cette agitation tranche avec le calme de la nuit. Mais ça commence aussi à sentir bon l'arrivée.

Pour autant, la course n'est pas finie et la montée à La Tête aux Vents s'avère des plus ardues, surtout avec la chaleur qui devient pesante. Je me cale derrière un coureur qui semble avoir le même rythme que moi et gravit silencieusement cette dernière difficulté. Le vent est inexistant, comme les zones d'ombres, et l'ascension devient vite très dure. Heureusement, le paysage se découvre petit à petit, dévoilant le Mont-Blanc et son massif dans un ciel azur limpide. Le soleil cogne de plus en plus fort et je dois m'arrêter à plusieurs reprises pour boire. Je recommence à être dans le dur, mais le moral est intact, car la fin approche.

Pourtant, une belle surprise m'attend encore. Au détour d'un lacet, alors que je suis presque arrivé au sommet, j'ai la surprise de me retrouver déambulant dans un endroit que je ne connais pas. Le paysage qui m'entoure m'est totalement inconnu et je regarde autour de moi avec angoisse pour essayer de trouver des repères. Pas moyen de savoir ce que je fais là, habillé de bien curieuse manière avec un sac sur le dos. Une grande trouille commence à me gagner, doublée de la sensation d'être complètement perdu. Que m'arrive-t-il ? Les choses s'aggravent encore quand je commence à me voir au-dessus de mon corps, prenant de l'altitude dans une décorporation délirante. J'ai le sentiment très désagréable de planer au-dessus de mon propre corps tout en faisant encore un avec lui. Ces quelques secondes me paraissent une éternité et je suis tenaillé par une angoisse intense. La transe finit par s'estomper et je reprends contact avec le sol, toujours perdu. Je me vois me diriger vers un inconnu pour lui demander ce que je fais ici quand la réalité commence à repointer le bout de son nez. Le Mont-Blanc redevient familier et mon accoutrement également. J'avise une petite vasque entre deux rochers et plonge ma tête dans l'eau froide pour retrouver mes sens. Le contact de l'eau fraîche me ramène un peu plus dans le réel et le puzzle se recompose. J'appelle Béa en lui demandant de me parler pour atterrir. Je lui décris mon expérience de junkie et savoure d'entendre sa voix. Elle me parle longuement, m'explique que je suis bien en train de finir l'UTMB®, que Guillaume est sur le point d'en terminer et qu'il me reste douze bornes. Je respire et reprends pied peu à peu.

A posteriori et après analyse du phénomène, je me suis endormi en marchant, saoulé de fatigue, d'effort et de chaleur et je me suis réveillé quelques secondes après en plein sommeil paradoxal, donc incapable de reprendre pied dans la réalité. Une forme de comportement dissociatif et hallucinatoire dû à la privation de sommeil. Ce phénomène est assez souvent décrit sur des courses longues, mais je n'en avais jamais été le témoin direct et privilégié. C'est assez impressionnant et déstabilisant, mais le bonheur que procure le retour à la réalité est prodigieux. Mon cerveau a fait comme mon corps, il a crié stop. Mais comme c'est lui le patron, il y a eu un stop.

Je respire calmement, bois un bon coup et regarde autour de moi. Le panorama est somptueux avec le Mont-Blanc en tête d'affiche. C'est énorme. Je dois filer vers La Flégère, dernier ravitaillement et me souviens du marathon et de cette portion qui n'en finit pas. Je me contente de trottiner sur les portions planes, en prenant garde de ne pas me vautrer. Je dois rester éveillé jusqu'au bout et le meilleur moyen d'y arriver est de sortir de la routine de la marche. En plus, j'ai dit à Robin qui doit repartir au plus tard à 17 h pour cause de rentrée scolaire que je serai avec lui à l'arrivée. Voilà un bel objectif.

Le trajet jusqu'à La Flégère est très long, comme prévu et je peste à plusieurs reprises, ce qui est un signe de bonne santé chez moi. Je le vois au loin, ne le vois plus et ainsi de suite au gré des thalwegs et des vallons. Béa me rappelle pour m'annoncer que Guillaume a fini en 42 heures. Et d'un ! À moi de doubler la mise. Bravo le grand, j'espère pouvoir le fêter avec toi. Mais je suis un peu jaloux de savoir qu'il peut s'asseoir pour de bon et s'envoyer une bière fraîche. Je me remotive à cette perspective et accélère un peu la cadence. Les jambes sont lourdes et plombées, mais je ne sens plus la douleur. Elle fait partie du pot commun, comme le plaisir, le bonheur, l'espoir, le découragement et tous les sentiments et sensations perçus pendant ce voyage.

La Flégère se dresse devant moi. Il est 13 h 12. Je suis 1338e. Je bois un coup, fais coucou et fous le camp vers Chamonix. Il n'y a plus qu'à descendre sur 8 km. Mot d'ordre : faire gaffe ! Il n'est pas question de tout mettre par terre maintenant. J'ai chaud, je suis cuit, mais je commence à être diablement heureux. J'oscille entre une douce euphorie et une prudence des derniers instants. On passe à l'ombre de la forêt, mais qui dit ombre dit arbre, qui dit arbre dit racines et qui dit racines dit gamelles. Je souffle avec l'arrivée d'une certaine fraîcheur ombragée, mais reste hyper vigilant sur le sol et ses pièges. Les lacets se suivent et se ressemblent, mais je les avale les uns après les autres sans avoir pour autant l'impression d'avaler des couleuvres. L'euphorie gagne quand même gentiment son combat contre la prudence. Je me surprends à dérouler ma foulée comme si la course commençait. Quand je vous dis que l'esprit est le patron du corps. Mais le corps est quand même un sacré travailleur.

C'est avec ces pensées que je découvre au travers des arbres les premières habitations de Chamonix. Le sentier s'élargit pour faire place à une piste sur laquelle je me paye le luxe de marcher un peu. Je veux profiter à fond de ces moments. Je mets le curseur du temps en position ralenti et je m'imprègne de chaque seconde. Elles sont gravées à jamais dans mon disque dur personnel. C'est du brutal, comme au départ, mais c'est mille fois plus fort. Les premiers chalets apparaissent. Les spectateurs deviennent plus nombreux. Je me gave. J'ai une banane énorme. Je chiale, ça doit être le lieu, bref je vis des moments privilégiés et d'une intensité rare. Je prends quelques secondes pour appeler mon grand pote de vingt ans et on pleure tous les deux comme des gosses. Je lui annonce sans fanfaronner que je vais finir l'UTMB®. Je laisse un message à ma fille Mathilde. Elle n'est pas physiquement à Chamonix, mais elle ne m'a pas quitté en pensées pendant toute la course. Merci ma chérie pour ton soutien, tes encouragements et cette merveilleuse lettre que je vais bientôt ouvrir. Mes deux enfants sont géniaux et m'ont permis de réaliser ce rêve.

Eh oui, on peut commencer à lever le suspense. Il me reste moins d'un kilomètre à parcourir. Je rentre dans Cham au milieu d'une foule dense. Cela fait 24 heures que des coureurs arrivent et il y a toujours autant de monde. Les applaudissements sont permanents, les félicitations également. Je tape dans les mains des spectateurs comme si j'avais gagné la course. Le temps est magnifique. Toute fatigue est envolée, toute douleur a disparu. Je flotte dans une bulle de bonheur connectée avec la réalité. Je pense me souvenir de chaque mètre parcouru. Je fends la foule avant qu'elle ne soit contenue derrière des barrières. Il me reste 500 mètres à faire. C'est l'extase. Je vais d'un côté à l'autre de la route à la rencontre des gens, à la manière d'un Kilian Jornet. N'y voyez aucune comparaison ni flagornerie, c'est juste du partage avec tous ces spectateurs. Qui suis-je pour que tout ce monde vienne m'applaudir avec autant de ferveur ? Moi et tous les finishers de cette course hors norme ? Nous sommes des inconnus qui pratiquons un sport en amateur, mais à cet instant nous sommes champions olympiques, vainqueurs de la coupe du monde ou du bouclier de Brennus, peu importe notre trophée fétiche.

Très vite, je repère les miens. Il me reste deux cents mètres à faire. J'embrasse ma Béa, je claque la main de Robin et lui propose de finir avec moi. Béa nous rejoindra dans le sas d'arrivée. Un dernier virage et la ligne d'arrivée apparaît. Robin trottine à mes côtés. C'est le pur bonheur. J'ai tellement imaginé et rêvé cet instant. J'ai tellement mentalisé cette ligne finale. Le temps s'allonge et j'ai l'impression de courir au ralenti. J'entends le speaker énoncer les noms des arrivants. Il reste vingt mètres. Je lève mes bâtons en V, regarde le ciel, regarde Robin et me prépare à franchir ce portique que j'ai quitté il y a 44 heures et 42 minutes.

5 mètres, 4, 3, 2, 1 et... 1306e.

JE L'AI FAIT !

***

Impossible de décrire le maelström d'émotions qui me tombe dessus en passant cette ligne. C'est monstrueux. Tout arrive en même temps. Le soulagement de finir, la joie de terminer, la fierté du travail accompli, l'énorme bonheur d'avoir relevé le défi lié à mes problèmes lombaires, la victoire sur la « maladie », l'exemple donné à tant d'autres lombalgiques, la victoire sur les a priori, la victoire sur les sceptiques, le fait de se sentir tellement vivant, le partage avec Béa, mes enfants, mes amis et tous ceux qui ont cru en moi, l'amitié avec Guillaume et Philou, Pat et tous les autres et bien d'autres choses encore. Cette liste est immense et toujours pas clôturée.

On me prend mon dossard, je tombe dans les bras de Robin qui me félicite chaleureusement. Instant de partage fabuleux. Puis dans ceux de Béa pour un long câlin. Elle sait et je n'ai pas besoin de lui dire. Je suis là grâce à elle. Mon âme sœur m'a soutenu chaque instant. Cette victoire, car c'en est une, est pour elle. Puis c'est au tour de Guillaume. On l'a fait, mon gars, on l'a fait. Longue accolade où les mots n'existent plus. Le Pat qui me claque la main avec un sourire énorme. Tu vois mon vieux, on y arrive même avec un dos pourri. Merci d'être là, tout simplement. Merci à tous, je vous aime.

Je récupère mon trophée, à savoir la fameuse polaire où il est brodé : «Finisher UTMB®». On sort de la zone d'arrivée. Philou appelle. C'est tellement chargé d'émotion. Mathilde appelle aussi, c'est l'extase. Bien sûr, je pleure. Comment peut-il en être autrement ? Un regard pour le Mont-Blanc, si majestueux. Ravi d'avoir pu vous contourner.

Voilà, c'est fini. Je l'ai fait. C'est une très belle histoire.

Évolutions

Il n'y a pas eu de grand vide après comme certains me l'avaient prédit. Juste une sensation énorme de plénitude et de bien-être. Le film de la course continue de défiler quand je le souhaite et je ne m'en lasse pas. Je suis allé au bout de mon rêve et je l'ai transformé en réalité. J'ai mis en évidence la puissance de l'esprit et du mental sur le corps et ses faiblesses. Cette leçon me permet de me sentir un peu plus vivant chaque jour qui passe. La vie a la valeur qu'on veut bien lui accorder et cette valeur appartient à chacun d'entre nous. Nous sommes libres de croire en nous ou pas. Nous sommes libres de nous sentir vivants ou pas. Cette liberté est l'apanage de la nature humaine et c'est une richesse inestimable, mais trop souvent ignorée.

Dans mon métier de médecin, j'ai appris à relativiser mes certitudes, en particulier en matière de pronostic et d'évolution de pathologies. Nous sommes tous différents et le principe de généralités s'applique mal au fonctionnement du corps humain. Mon histoire en est un bon exemple. L'espoir est toujours là, il faut juste pouvoir s'en saisir.

Je continue à courir par goût, en arpentant les sentiers et les montagnes. Peu ou pas de compétitions, mais plutôt la notion de voyage à pied. Ce qui était au départ un moyen de sortir de mon marasme somatique s'est peu à peu transformé en mode de vie. Une philosophie où se mêlent plaisir, effort, amour de la vie et de la nature, partage, gastronomie, et finalement bien-être quotidien.

J'espère que ce récit aidera certains à surmonter les difficultés du quotidien, en particulier quand elles sont d'ordre somatique. Croyez en vous et sentez-vous vivant. Le reste suivra.

Bon voyage.

Remerciements

Liste non exhaustive, sans ordre de priorité ni d'importance, écrite au fil de l'eau. Tout oubli est forcément involontaire et probablement lié à ma mémoire chancelante.

Merci à Pierre Bernard, chirurgien au Centre Aquitain du Dos à Pessac qui m'a remis debout malgré mes errements.

Merci à Jean Gérard Pilloy, podologue qui m'a permis de recourir.

Merci à Ruffin Boumpoutou, médecin du sport, qui a pris en charge le reste.

Merci à JD pour ses conseils d'entraînement et à Tom pour sa connaissance de l'hypnose.

Merci aux concepteurs de ces chaussures over size si pratiques pour les arthrosiques de mon espèce.

Merci à Monsieur et Mme Poletti, organisateurs de l'UTMB®, d'avoir créé cet évènement si particulier et si incroyable. Vous êtes des concepteurs d'aventures humaines.

Merci à la météo et au type qui s'en occupe.

Merci à tous les bénévoles de l'UTMB® et de tous les trails existants. Votre présence est une source intarissable de soutien pour tous les coureurs.

Merci à l'inventeur du cassoulet.

Merci à Laurent Galinier pour ses précieux conseils.

Merci à tous ceux qui ont suivi la course sur le site de l'UTMB® avec une mention spéciale à Bertrand, Yann et Albert.

Merci à tous mes vieux potes pour leur soutien et l'amour du sport qu'ils m'ont transmis. Et merci à tous mes jeunes potes qui m'incitent à continuer pour leur montrer qui est le patron.

Merci à ma famille et à mon père pour leur aide, y compris logistique.

Merci à tous mes collègues du boulot qui m'ont encouragé pendant cette aventure.

Merci à tous ceux qui sont cités dans ce bouquin.

Merci à tous ceux qui n'y sont pas.

Merci à tous mes amis. Je ne cite personne, ils se reconnaîtront.

Merci à Pat pour l'ensemble de son œuvre.

Merci à Guillaume et Phil, compagnons de route (entre autres). Ils sont également cités dans d'autres catégories.

Merci à Mathilde et Robin.

Merci à Béa, avec tout mon amour.

Photos personnelles prises lors de l'édition 2015 de l'UTMB®

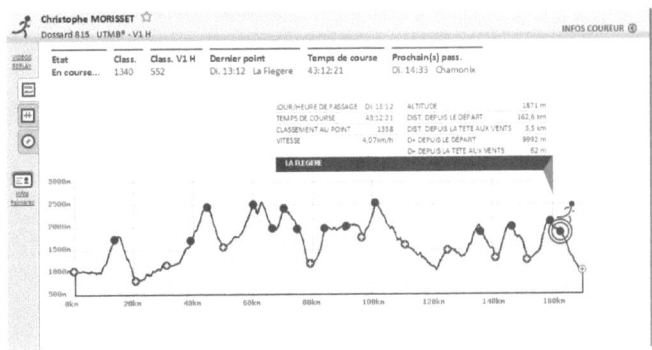